Rüdiger Opelt

DIE KINDER DES TANTALUS

Oder: Ausstieg aus dem Kreislauf seelischer Verletzungen

Rüdiger Opelt

DIE KINDER
DES TANTALUS

*Oder: Ausstieg aus dem Kreislauf
seelischer Verletzungen*

Czernin Verlag

Die Deutsche Bibliothek – CIP Einheitsaufnahme
Opelt, Rüdiger: Die Kinder des Tantalus – Oder: Ausstieg aus dem Kreislauf
seelischer Verletzungen / Rüdiger Opelt

Wien: Czernin Verlag 2002
ISBN 978-3-7076-0150-3

© by Czernin Verlags GmbH, Wien
Art Direction: Bernhard Kerbl
Cover-Foto: Ernst Herold
Lektorat: Herbert Nikitsch
Herstellung: Die Druckdenker GmbH, Wien
Druck: Druckerei Theiss GmbH, St. Stefan
ISBN 978-3-7076-0150-3

Alle Rechte vorbehalten, auch der auszugsweisen Wiedergabe in Print- oder elektronischen Medien

INHALT

Einleitung: Leid und Gewalt 9

DER MYTHOS 11
Das Tantalus-Familienmuster

I.	Glück und Unglück	11
II.	Tantalus, der Täter	14
III.	Pelops, der Verdränger	16
IV.	Atreus, der Psychopath	19
V.	Agamemnon, der Held um jeden Preis	22
VI.	Klytämnestra, die Rächerin	24
VII.	Elektra oder die Idealisierung des verlorenen Vaters	27
VIII.	Iphigenie oder die legale Flucht aus dem Wahnsinn	29
IX.	Chrysothemis, die ängstlich Angepasste	32
X.	Orestes oder die Hassliebe zur Mutter	33
XI.	Der Durchbruch der Gefühle	35
XII.	Die Rettung	38

DIE REALITÄT 45
Gewalttrauma und Zeitgeschichte

XIII.	Gewalterfahrungen als Familienproblem	45
XIV.	Die Tantalus-Erfahrung: Gewalt und Schuld	54
XV.	Die Pelops-Erfahrung: Tod und Verlust	59
XVI.	Die Atreus-Erfahrung: Verstrickung und Potenzierung	65
XVII.	Die Agamemnon-Erfahrung: Die Inszenierung des Untergangs	74

XVIII.	Die Klytämnestra-Erfahrung: Sexuelle Gewalt	78
XIX.	Die Elektra-Erfahrung: Verlorenes Vaterland	82
XX.	Die Iphigenie-Erfahrung: Geopferte und entführte Kinder	85
XXI.	Die Chrysothemis-Erfahrung: Die Entwertung des Selbst	88
XXII.	Die Orestes-Erfahrung: Die böse, tote Mutter	91
XXIII.	Die Erynnien-Erfahrung: Missachtete Ahnen	93

DIE LÖSUNG 97
Der seelische Ausstieg aus der Terrorwelt

XXIV.	Die Ahnen-Erlösung: Der Weg der Selbsterfahrung	97
XXV.	Die Tantalus-Lösung: Die Wahrheit aufdecken	98
XXVI.	Die Pelops-Lösung: Die Botschaft bewahren	101
XXVII.	Die Atreus-Lösung: Die Verstrickung entschlüsseln	106
XXVIII.	Die Agamemnon-Lösung: Der Zusammenbruch des falschen Heldentums	109
XXIX.	Die Klytämnestra-Lösung: Respekt und Toleranz fordern	112
XXX.	Iphigenies Lösung: Der Schutz vor Wiederholung	115
XXXI.	Chrysothemis' Lösung: Die Rehabilitierung	118
XXXII.	Orests Lösung: Das Wiedererleben	122
XXXIII.	Elektras Lösung: Sich durchackern und seine Wurzeln finden	125
XXXIV.	Ore-genies Lösung: Die Heilung	129
XXXV.	Die Erlösung der Göttinnen: Das Einüben positiver Muster	134

Nachwort 137

Literaturverzeichnis 139

Autor 144

Meinem Vater gewidmet,
dessen größte Leistung es war,
den Krieg zu überleben,
ohne seine Menschlichkeit zu verlieren

EINLEITUNG
Leid und Gewalt

Gewalt und Leid sind untrennbar miteinander verbunden. Das ist eine Binsenweisheit – dem Opfer von Gewalt so schmerzlich bewusst, dass es geradezu ein Hohn an seinem Schicksal wäre, sie zu leugnen. Dennoch wird der Zusammenhang von Gewalt und Leid immer wieder ignoriert: „Ein starker Mann kennt keinen Schmerz" – Generationen von Söhnen sind so erzogen worden. Da ist es kein Wunder, wenn viele Menschen hilflos sind, sobald aus den Tiefen ihrer Seele trotz aller Redereien vom Starken, der keine Schwächen hat und haben darf, plötzlich Leid hervorbricht. Diese Ratlosigkeit angesichts seelischer Probleme, für die es scheinbar keine Erklärung gibt, führt zur Verweigerung, sich überhaupt mit ihnen zu beschäftigen: Wer Probleme hat, muss krank oder verrückt sein, und damit basta. Und jeder kann nur hoffen, dass seine Probleme nicht publik werden.

Wo die Integrität des Menschen, wie sie durch die Formulierung der Menschenrechte garantiert werden soll, sichtbar verletzt und dies offen in den Medien gezeigt wird, kann der Zusammenhang von Gewalt und Leid nicht mehr so leicht geleugnet werden, besteht zumindest die Chance, Schutz und Wiedergutmachung zu fordern. Doch jenes scheinbar grundlose Leid ohne sichtbare Ursache wird dem Betroffenen als Verrücktheit oder Hysterie, zumindest als Schwäche angerechnet: Solche Menschen sind eben schwache Menschen, vielleicht mit schlechten Genen geboren, jedenfalls mit wenig Chancen in unserer Konkurrenzgesellschaft.

Wenn Gewalt zu Leid führt, lässt sich dann nicht im Umkehrschluss Leid auf Gewalt zurückführen? Gerade bei seelisch Kranken ist diese Überlegung keineswegs üblich, obwohl sich in der hundertjährigen Geschichte von Psychotherapie und Tiefenpsychologie dafür jede Menge Indizien finden lassen. In der Mehrzahl der Fälle lässt sich seelisches Leid

Einleitung

auf, oft Generationen zurückliegende, Gewalt und daraus resultierende gewaltähnliche Muster zurückführen – das ist die These, die in diesem Buch überprüft werden soll.

Im ersten Teil wird dargelegt, dass im griechischen Mythos von Tantalus und seinen Nachkommen vor Jahrtausenden bereits anschaulich beschrieben worden ist, wie sich Gewalt über Generationen fortpflanzt und Kinder und Enkel sich nicht aus dem Bann eines Gewaltmusters zu lösen vermögen.

Im zweiten Teil wird gezeigt, was die heutige Familientherapie bestätigt, dass viele Generationen einer Familie gleichsam in einem destruktiven Muster gefangen sein können, das sich unbewusst über die Erziehung von Generation zu Generation fortpflanzt. Die Entstehung dieses negativen Musters hat ihren Grund sehr oft in einem historischen Ereignis, das ganz real mit Leid und Gewalt zu tun hat: Wo keine erwiesen rezente Ursache vorliegt, lassen sich seelische Probleme auf ein Gewaltereignis zurückführen, das in der Vergangenheit der Familie erlebt worden ist.

Im dritten Teil wird den heilsamen Konsequenzen nachgegangen, die sich ergeben, wenn ein Gewaltmuster als Ursache eines seelischen Problems identifiziert werden kann: Die Rehabilitierung des Opfers, die Auseinandersetzung mit der Destruktivität und der Schutz vor Wiederholung dieses ursächlichen Gewaltmusters geben dem Menschen seine Würde zurück und aktivieren seine Selbstheilungskräfte.

Auch wenn Sie all dem gegenüber skeptisch sind – ich bitte Sie, weiterzulesen und die folgenden Überlegungen mit mir gemeinsam durchzudenken. Vielleicht haben sie auch mit Ihnen zu tun – und womöglich Konsequenzen für Ihr Leben.

Rüdiger Opelt
Salzburg, November 2002

DER MYTHOS
Das Tantalus-Familienmuster

I. Glück und Unglück

Warum geht es manchen Menschen schlecht und anderen gut? Warum hat der eine Glück und der andere nicht? Warum erleiden manche Qualen und Schicksalsschläge, und andere genießen ein Leben voller Erfolg?

Darüber haben sich die Menschen seit jeher den Kopf zerbrochen. Nicht allen schien es so einfach zu sein wie Walt Disney, der Donald einfach zum Pechvogel und Gustav zum Glückskind gestempelt hat, quasi via Geburtsrecht von Zeichners Gnaden. Unsere Vorfahren haben meist geglaubt, dass dabei die Götter ihre Hand im Spiel hätten und den einen begünstigten und den anderen benachteiligten – wie es ihnen gerade gefiel, vielleicht auch, um den Menschen zu prüfen, wie Jehova das mit Hiob getan hat, vielleicht auch, um ihn für seinen Hochmut zu strafen, wie es die olympischen Götter mit Tantalus und Sisyphus taten. Oder tragen wir wirklich ein positives oder negatives Karma ab, wie die Inder glauben? Oder werden wir für unsere Sünden bestraft, wie uns das Christentum lehrt? Über Jahrhunderte jedenfalls haben die Menschen gedacht, dass Glück und Unglück eine Sache zwischen Menschen und Göttern sei und man die höheren Instanzen durch magische Rituale und Opfer gnädig stimmen müsse, um sich so sein Quäntchen Glück zu verdienen.

Die moderne Wissenschaft freilich hat all diese Vorstellungen in den Bereich des Aberglaubens verwiesen. Und dennoch sind heute Aberglauben und magische Vorstellungen nicht ausgestorben – im Gegenteil: In unzähligen esoterischen Strömungen kommt all das wieder an die Oberfläche, und tief in uns scheint sich nach wie vor der Wunsch erhalten zu haben, durch abergläubische Handlungen und magische Rituale unser Schicksal zu steuern. Die positivistische Wissenschaft, so könnte man sagen, ist dabei nur ein weiteres Zauberritual, wenn auch das mächtigste:

Sie hat den Glauben an die Allmacht des Menschen genährt, die Ärzte und die Techniker sind zu Göttern in Weiß geworden oder haben doch wenigstens die Stellung der Hohepriester in unserer Gesellschaft eingenommen. Durch seine Forschungen scheint der Mensch stets nur noch mächtiger zu werden, dem Fortschrittsglauben sind die alten Grenzen des Menschen fremd und der neue Kult heißt: Alles ist machbar!

Aber, und das haben schon die Griechen gewusst: Hochmut kommt vor dem Fall. Der Fortschritt hat auch dunkle Dämonen auf den Plan gerufen, und zwischen der technischen Machbarkeit und den seelischen Bedürfnissen des Menschen hat sich eine schier unüberbrückbare Kluft aufgetan. Zudem war unser ach so fortschrittliches 20. Jahrhundert geprägt von Gewalt, von Umweltzerstörung und von globaler Bedrohung. Wie Goethes Zauberlehrling sind wir damit beschäftigt, die Kräfte, die wir entfesselt haben, wieder unter unsere Kontrolle zu bringen. Manchem mag der Verdacht kommen, dass die höheren Kräfte doch nicht so tot sind, wie wir geglaubt haben, und manche fürchten, dass uns in unserer Hybris nun die Endzeitkatastrophe droht.

Wenn der Mensch auf sich selbst zurückgeworfen wird im Versuch, Gut und Böse in den Griff zu bekommen – dann hat bald jeder sein persönliches Menschenbild: Der eine glaubt an das Gute im Menschen und findet jede Strafe überflüssig; der andere glaubt an das Schlechte und ist für drakonische Maßnahmen. Viele haben ein strenges Gewissen in sich, das alle Fehler geißelt und ein Selbstbewusstsein gar nicht erst entstehen lässt – laut Erwin Ringel das typische Merkmal der österreichischen Seele. Und intuitiv glauben die meisten von uns immer noch, dass wir für gute Taten durch Glück belohnt und für schlechte Taten durch Unglück bestraft werden. Und wenn das nicht geschieht, dann verzweifeln wir an der himmlischen Gerechtigkeit und sind deprimiert. Vielleicht hören wir dann noch, dass ohnehin alles in den Genen vorherbestimmt, also angeboren ist: Wer gute Gene hat, hat Glück, wer schlechte Gene hat, hat Pech – Vetter Gustav und Donald Duck in biologistischer Variante.

Wie erklärt aber die moderne Psychologie die Genese von seelischem Leid und von wiederholten Schicksalsschlägen? Kann sie das überhaupt erklären oder lässt sie den Menschen in seiner Suche nach Sinnzusammenhängen im Stich? Schauen wir also kurz, welche Theorien in dieser Hinsicht aufgestellt worden sind.

Laut Lerntheorie entwickelt sich das Persönlichkeitssystem des Menschen auf Grund von Konditionierungen: Bestimmte erwünschte Verhaltensweisen werden durch soziale Zuwendung, erfolgreiches Verhalten wird durch Erfolg verstärkt. Unerwünschte Verhaltensweisen werden bestraft. Durch soziale Ablehnung entwickeln wir Minderwertigkeitsgefühle. Konditionierte Verhaltensmuster werden als allgemeine Lebensmuster generalisiert: Menschen, die viel Erfolg und positive Verstärkung erleben, entwickeln ein Erfolgskonzept; Menschen mit negativen Erfahrungen entwickeln ein Misserfolgskonzept.

Das Problem dabei ist, dass diese inneren Muster auch unsere Wahrnehmung organisieren: Negative Muster führen dazu, dass wir aus der Summe der Erfahrungen die negativen herausfiltern und gehäuft wahrnehmen, was wieder dieses unser negatives Muster – man könnte auch sagen: unseren Aberglauben – verstärkt. Menschen mit positiven Mustern dagegen nehmen bevorzugt Positives wahr und fühlen sich in ihrem Optimismus bestärkt. Hat sich einmal ein positives oder negatives Hauptmuster gebildet, so neigen wir dazu, es durch den Vorgang der Attribuierung auf alle Lebensbereiche zu übertragen – schließlich haben die meisten Ereignisse eine positive und eine negative Qualität. Der Optimist attribuiert zu den meisten Ereignissen deren positive Seite, während der Pessimist überall nur die negative Seite wahrnimmt – Vetter Gustav und Donald Duck in lerntheoretischem Gewande.

Nach der Lerntheorie ist es purer Zufall, wie ein Mensch konditioniert wird: Jeder Mensch ist beliebig konditionierbar, ähnlich dem Pawlow'schen Hund. Anders sieht das die Tiefenpsychologie seit Sigmund Freud. Hier gilt der Mensch als Produkt seiner Kindheitsgeschichte: Es sind die Beziehungen zu den Eltern, die unsere Lebensmuster sozusagen programmieren. Wenn wir liebevolle Eltern hatten, entwickeln wir positive Lebensmuster, wenn die Beziehungen zu unseren Eltern schwierig oder kränkend gewesen sind, entwickeln wir negative Lebensmuster. Glückliche Kinder werden Optimisten, gekränkte Kinder werden Pessimisten oder Depressive – Donald Duck und Vetter Gustav auf freudianische Art.

In die Praxis der Psychologen kommen hauptsächlich Menschen, die durch Schicksal und Leid geprüft sind, die Krankheiten oder seelische Leidenszustände entwickelt haben. Wir Psychologen sind also gleichsam für die Donald Ducks der Gesellschaft zuständig. Vetter Gustav zeigt uns eher die lange Nase und meint, wer sich mit Donald Duck beschäftige, sei selbst eine verrückte Witzfigur. Für den Psychologen stellt sich daher primär die Frage: Wie wird einer ein Donald Duck? Was sind die Ursachen für seelisches Leid? Warum ist beispielsweise einer durch schlechte Eltern negativ konditioniert und der andere nicht? Ist das alles Zufall oder haben doch die Götter die Hand im Spiel? Wenn ja, dann müssen die Götter verrückt sein – denn Tatsache ist, dass positive und negative Erfahrungen sehr ungerecht verteilt sind: eine glückliche oder unglückliche Kindheit etwa, das scheint das Ergebnis eines Lotteriespiels zu sein. Gott würfelt! – Oder gibt es ihn gar nicht?

Doch ob nun die Götter ihre Hand im Spiel des Menschenschicksals haben oder nicht – wir sollten uns jedenfalls die alten Mythologien anschauen, die uns von unseren Vorfahren in dieser Hinsicht überliefert worden sind. So möchte ich hier an den Tantalusmythos erinnern und im Folgenden seine Protagonisten vorstellen.

II. Tantalus, der Täter

Tantalus war reich und berühmt. Seiner hohen Abstammung wegen – er war ein Sohn des Zeus – durfte er an der Tafel der Götter speisen und alles mitanhören, was die Überirdischen unter sich besprachen. Aber sein eitler Menschengeist vermochte dieses Glück nicht zu ertragen, und er fing an, gegen die Götter zu freveln. Im Übermut und um ihre Allwissenheit auf die Probe zu stellen, ließ er seinen eigenen Sohn Pelops schlachten und den Göttern zum Mahl vorsetzen. Die Götter aber merkten den Frevel, warfen die Glieder des Knaben in einen Kessel und zogen ihn unversehrt daraus hervor.

Tantalus aber wurde in die Unterwelt verstoßen, um hier von entsetzlichen Leiden gepeinigt zu werden. Er stand mitten in einem Teich und litt quälenden Durst: Sooft er sich bückte und trinken wollte, versiegte das Wasser. Zugleich hatte er quälenden Hunger, und am Ufer des Teichs lockten herrliche Obstbäume mit reifen Früchten: Sobald er aber danach griff, fegte ein Sturm die Äste aus seiner Reichweite. Zudem lebte er in ständiger Todesangst, weil ein großer Felsblock über seinem Haupte schwebte und auf ihn herabzustürzen drohte. So straften die Götter Tantalus für seinen Frevel mit dreifacher Qual, die niemals enden sollte.

Eine schaurige Geschichte. Ein Vater lässt sein Kind töten. Jedem ist klar, dass das nur seelisches Leid zur Folge haben kann. Gott sei Dank haben wir mit so alten Geschichten nichts zu tun – oder vielleicht doch? Schlagen Sie doch Ihre Tageszeitung auf: Suchen Sie nicht instinktiv nach der täglichen Tantalusgeschichte? Ein Vater ertränkt sein Kind in einem See, um sich an seiner Frau für die Trennung zu rächen. Kinder werden vernachlässigt, weggelegt, abgelehnt, sexuell und körperlich misshandelt, entführt, müssen der Ermordung ihrer Väter oder der Vergewaltigung ihrer Mütter zusehen. Kinder wachsen in zerstörten Familien auf, wo die Eltern nicht ausreichend für sie sorgen können. Täglich geschehen an vielen Orten der Welt Akte der Gewalt – in den Familien, in Slums, auf Kriegsschauplätzen, und Kinder sind da immer mitten drin. Immer wieder wird neues Leid erzeugt. Der Tantalusmythos ist noch lange nicht überwunden.

Wie aber geht die Geschichte weiter? Der Tantalusmythos erzählt, wie die Tat als Erstes auf den Täter zurückfällt. Wenn ein Mensch etwas so Schreckliches wie den Verrat am eigenen Kind begeht, so leidet er selbst die größten Qualen. Warum aber hat Tantalus sein Kind überhaupt geopfert? Er hat es getan, um seinem Vater zu imponieren. Er wollte von Zeus und den Göttern, von seinen Verwandten also, anerkannt werden, wollte dazugehören, wollte ebenso mächtig sein. In diesem Hunger nach Anerkennung hat er die Bedürfnisse seines Kindes völlig übersehen. Sein Blick war so auf den Vater gerichtet, dass er selbst als Vater versagt, ja seine Vaterschaft vergessen hat und sich überhaupt nicht in die Angst seines Kindes einfühlen konnte. Ein Machtkampf zwischen Vater und Großvater, die Rivalität der Väter hat also dazu geführt, dass das Kind auf der Strecke bleibt. Tantalus ist übrigens selbst ein außereheliches Kind – wir wissen ja, dass Zeus zu außerehelichen Beziehungen geneigt und jede Menge ledige Kinder in die Welt gesetzt hat. Ledige Kinder haben nicht selten Probleme mit der Anerkennung durch ihre Väter und stellen dann alles Mögliche an, um die Aufmerksamkeit des Vaters auf sich zu ziehen. Man kann also Vater Zeus nicht völlig frei von Schuld sprechen. Hat er sich genug um seinen Sohn gekümmert? Ist dessen Geltungsdrang eine Reaktion auf väterliche Geringschätzung?

Doch wie immer Tantalus zu seinem Irrsinn gekommen ist – er ist definitiv der Schuldige. Er hat getan, was kein Vater tun darf (auch wenn es immer wieder vorkommt), und wenn einer bestraft werden muss, dann er. Dieser Vater soll büßen, mit Tantalusqualen, im Gefängnis, in der Hölle oder sonstwo.

Leider aber ist es mit der Buße des Tantalus nicht getan. Durch seine Tat hat er nicht nur sein eigenes Leben zerstört, sondern noch etwas anderes: die Beziehung zwischen Vater und Sohn. Er kann seinen Sohn nicht mehr in die Arme nehmen und auf ihn stolz sein, und sein Sohn kann nicht mehr vertrauensvoll zu ihm aufblicken und ihm nacheifern. Im Grunde haben also beide verloren, auch wenn der Sohn die Geschichte scheinbar heil übersteht. Pelops, der Sohn, wächst vaterlos auf, mit einem schlimmen Vaterbild in der Seele. Es ist nicht leicht, ein Mann zu werden, wenn der eigene Vater ein Mörder ist.

Auch eine dieser alten Geschichten? – Für viele in unserem Land ist diese Geschichte höchstens fünfzig Jahre alt. Viele Söhne sind hier aufgewachsen, deren Väter Handlanger oder Täter des Faschismus waren, die vielleicht unschuldige Männer, Frauen und Kinder getötet haben, für ihren Übervater Hitler. Wie wir wissen, gibt es darauf zwei Reaktionen:

Entweder man verleugnet, verdrängt, idealisiert die Vergangenheit und kann so seinen Vater behalten; oder man setzt sich mit den Taten der Vergangenheit auseinander und läuft dann Gefahr, keinen Vater mehr zu haben, weil man sich gegen ihn stellen muss. Mitscherlich hat von der vaterlosen Gesellschaft gesprochen: Eine ganze Generation von Söhnen ist praktisch ohne Väter aufgewachsen, weil diese tot oder desavouiert gewesen sind. Dieser Verlust der Vater-Sohn-Beziehung hat Folgen für den Sohn: Der Tantalusfluch setzt sich auch in den nächsten Generationen fort.

III. Pelops, der Verdränger

Was geschieht mit dem Sohn, wenn seine Kindheit durch ein so schlimmes Ereignis geprägt ist? Kann man das heil überstehen? Scheinbar ja.

Nachdem sein Vater in die Unterwelt verbannt worden war, wurde Pelops aus seinem Land vertrieben und verliebte sich in Elis, wohin es ihn verschlagen hatte, in die Tochter des Königs. Dieser wollte seine Hippodameia eines bösen Orakels wegen nur jenem zur Frau geben, der ihn im Wagenrennen zu besiegen vermochte, und hatte bislang noch jeden Freier dabei getötet. Pelops aber brachte mit Hilfe des Meeresgottes Poseidon den Wagen des Königs zu Sturz – nicht ohne zuvor ein wenig an der Radaufhängung des Königswagens herummanipuliert zu haben –, der König starb und Pelops gewann Königstochter und Königreich – die Halbinsel Peloponnes trägt heute noch seinen Namen.

Es stimmt ja gar nicht, dass negative Kindheitserfahrungen einen zum Verlierer machen; da würde schließlich jeder krank werden, denn wir alle haben irgendetwas Unangenehmes erlebt: Diesen Einwand bekommt man als Psychologe oft zu hören, wenn man den Einfluss einer unglücklichen Kindheit auf den künftigen seelischen Haushalt zu erklären versucht. Und Pelops scheint auch tatsächlich das beste Beispiel dafür zu sein, dass man etwas Schlimmes scheinbar mühelos wegstecken kann. Pelops erlebt das, was man ohne Einschränkung eine furchtbare Kindheit nennen kann. Sein Vater versucht, ihn umzubringen, und wird verbannt, er selbst wird aus seiner Heimat vertrieben – eine klassische Brokenhome-Situation, wie wir sie in Jugendamtsakten oft finden: Vater Gewaltverbrecher, büßt seine Strafe im Gefängnis ab, Kind kommt ins Heim. Manche Menschen schaffen es, mit so einem Schicksal fertig zu werden und daran nicht zu zerbrechen. Wie schafft es Pelops? Er verliebt sich, und er sucht sich eine positive Ersatzvaterfigur, seinen Großonkel Poseidon, den Bruder seines Großvaters Zeus: Unter dessen positivem Einfluss lernt er gewinnen und wird ein mächtiger König. Ende gut, alles gut.

Ende gut, alles gut – so könnte man meinen. Der Tantalusmythos aber zeigt, dass damit die Geschichte erst richtig losgeht. Denn der Sieg des Pelops über sein Schicksal ist eine Scheinlösung: Er selbst gewinnt zwar Macht und Ansehen, doch er verdrängt dabei seine seelischen Probleme – die kommen erst bei seinen Kindern und Enkeln richtig heraus. Pelops überlebt eine schreckliche Tat. Er überlebt – doch er verdrängt das Entsetzliche, das ihm widerfahren ist: Es bleibt seinen Kindern zur Lösung überlassen. Für Pelops ist es so schlimm, über seinen Vater nachzudenken, dass er darauf lieber völlig verzichtet. Aus der Tiefenpsychologie wissen wir aber, dass verdrängte Muster nur scheinbar verschwunden sind, dass sie im Untergrund als Wiederholungszwang weiterwirken. Diesen Erlebnissen können wir also nicht davonlaufen; und solange wir uns damit nicht auseinandersetzen, bleiben wir in ihren Mustern gefangen.

Was passiert also dem Pelops? Er verdrängt die Erinnerung an seinen mörderischen Vater und sucht sich einen Schwiegervater aus, der ihn ebenfalls töten will. Aber jetzt dreht er freilich den Spieß um, nicht zuletzt, indem er sich einen mächtigen Verbündeten sucht. Also stirbt diesmal nicht der Sohn, sondern der (Schwieger-)Vater. Und Pelops fühlt sich dabei auch völlig im Recht, denn er ist ja wieder das angegriffene Opfer, das in Notwehr handelt – da sind auch List und Tücke (wir erinnern uns an die Manipulation bei der Radaufhängung) gerechtfertigt. Aber er mag sich noch so sehr moralisch im Recht fühlen: Er bleibt in einem Vater-Sohn-Muster gefangen, das auf Gewalt und Totschlag beruht. Und auch wenn niemand dem strahlenden Sieger auf die Schliche kommt – er ist und bleibt ein Mörder. Pelops hat zu siegen gelernt – aber in einer Welt der Gewalt, in einer Welt, wo Macht seine Opfer fordert. Pelops wird der Herrscher des Peloponnes – um den Preis des Untergangs der Väter: ein harter Bursch, ein Siegertyp also.

Was hat das mit unserer Zeit zu tun? Gibt es auch heute die harten Burschen, die Siegertypen, die alles wegstecken können? – Genau betrachtet ist dieser Typ sogar das Ideal unserer Leistungsgesellschaft. Jeder kann gewinnen, wenn er sich im Wettkampf brutal durchsetzt und durch Gefühle nicht beirren lässt. Der Typ des beinharten Machers, der Erfolg und Macht nachjagt, der seine Opfer einkalkuliert und nicht weiter beachtet – das war das Muster der Wiederaufbaugeneration nach dem Zweiten Weltkrieg. Sie hat alles zu vergessen versucht, was vorher gewesen war. Tabula rasa, Blick nach vorn gerichtet, nicht mehr an die Niederlagen und Fehler der Vätergeneration gedacht. Das Wiedererlangen von Macht in einer moralisch akzeptierten Form ist im Vordergrund gestanden – und weil man sich mit militärischen Aspirationen kompromittierte, verlagerte sich das Streben: Wie Pelops erlangten viele Männer neue Macht in wirtschaftliche Karrieren. Aber, wie wir wissen, war das nicht das Ende vom Lied – die menschlichen Probleme sind ja dann 1968 und danach deutlich geworden.

Das Problem der Pelopsmenschen ist nicht, dass sie Erfolg haben. Der sei ihnen vergönnt. Ihr Problem ist, dass der Erfolg um den Preis der verdrängten Gefühle erkauft wird. Die Angst des kleinen Pelops vor der Aggression des Vaters, vor der Vertreibung, seine ungeklärte Wut auf den Vater – all das bleibt ungelöst, kann nicht verarbeitet werden und schwelt im Untergrund weiter. Damit wird es aber zu einem unbewussten Handlungsmuster, das durch Reflexion nicht korrigiert werden kann. Pelops setzt sich nicht mit seiner Gewaltbereitschaft auseinander, auch nicht mit seiner Neigung, sich rasch bedroht zu fühlen und hierauf mit Angst, schließlich mit Gewalt zu reagieren. Alle diese negativen Bilder und Gefühle bleiben im Untergrund und werden, wie wir sehen werden, gerade dadurch an die eigenen Söhne weitergegeben. Pelops hat sich einen harten Überlebenspanzer zugelegt, und den hat er auch nötig. Gewalt wird in moralisch verbrämter Form ausgelebt: Wenn es dem Erfolg dient, dann spielen Opfer keine Rolle. Freilich: Jedes Opfer könnte Pelops an seine eigene Opferrolle erinnern. Und weil diese Erinnerung so bedrohlich ist, darf Pelops sich nicht in die Opfer einfühlen, sondern reagiert nur mit seinem erlernten Verdrängungsreflex. Er hat damit weder Augen noch Ohren für die Schmerzen der Unterlegenen. Er kann nicht fühlen, dass der Sieg des einen für den anderen schmerzvolle Niederlage bedeutet. Mit diesen Schmerzen verdrängt er aber auch das Kind in sich – und das wieder führt dazu, dass er sich auch nicht in seine Kinder einfühlen kann. Auch zwischen Pelops und seinen Söhnen scheitert also die Vater-Sohn-Beziehung. Es kommt zwar nicht zu einem so dramatischen Bruch wie zwischen Tantalus und Pelops, es kommt zu keiner körperlichen Attacke – der Bruch zwischen Pelops und seinen Söhnen erfolgt auf der Gefühls-ebene: Pelops verweigert die Gefühlsbeziehung zu seinen Kindern, weil Gefühle für ihn immer noch bedrohlich sind. Wir können auch sagen: Pelops kann die Liebe zu seinen Kindern nicht ausdrücken, denn dann kämen ihm Wut und Angst hoch. Die Söhne des Pelops prallen an seinem Panzer ab, wenn sie die Liebe des Vaters suchen. Wie wir aus der Kinderpsychologie wissen, werden ungeliebte Söhne aber oft schwierig und aggressiv. Und genau das erzählt uns die Geschichte der Tantaliden.

IV. Atreus, der Psychopath

Zwischen den Söhnen des Pelops, zwischen Atreus und Thyestes, kommt es zur Eskalation in einem wahren Bruderkrieg. Die beiden herrschen über benachbarte Reiche auf dem Peloponnes und rivalisieren um Macht und Einfluss. Atreus ist offensichtlich ein mörderischer Psychopath. Er wiederholt die Tat seines Großvaters Tantalus und lässt zwei Söhne seines Bruders schlachten und diesem zum Mahl vorsetzen. Die Sache wird insofern mörderisch, als nun keine Götter die Söhne wieder zum Leben erwecken und Thyestes bereits das Fleisch seiner Kinder gegessen hat, als er den Frevel bemerkt. Thyestes und sein überlebender Sohn Ägisth sinnen natürlich auf Rache, und Ägisth tötet schließlich seinen Onkel Atreus – woraufhin wieder Atreus' Sohn Agamemnon in Blutrache seinen Onkel Thyestes töten muss. Die Geschichte der Tantaliden entpuppt sich somit als antiker Kriminalroman aus Blut und Tränen.

Diese Geschichte stammt aus einer finsteren Vergangenheit, die uns Gott sei Dank nichts mehr angeht. Oder vielleicht doch? – Haben wir nicht ein Jahrhundert der Bruderkriege hinter uns? Bruderkriege zwischen Serben und Kroaten, Deutschen und Franzosen, Russen und Deutschen, Chinesen und Japanern, Indern und Pakistanis, Tutsis und Hutus, Türken und Armenier usw. usw. In unserer aufgeklärten Zeit bringen sich Völker anscheinend umso lieber um, je näher sie einander stehen. Bruderkriege, Bürgerkriege – es wäre schön, wenn dies alles wirklich der Vergangenheit angehörte!

Wie konnte es zu so einer Anhäufung von Gewalt kommen, wie es uns der Tantaliden-Mythos erzählt? Lernen wir wirklich nichts aus den Fehlern unserer Väter? Die Geschichte des Atreus zeigt uns etwas für diese Frage Aufschlussreiches: Atreus wiederholt die Tat seines Großvaters, ja er treibt sie auf die Spitze – was beim Großvater wenigstens für das Opfer glimpflich ausgegangen ist, wird bei Atreus wirklich tödlich. Mord und Gewalt potenzieren sich, und am Schluss sind bis auf zwei alle tot. Wir müssen uns fragen, wie so etwas möglich ist.

Aus den Augen, aus dem Sinn – das war die Strategie des Pelops. Sie ist offenbar nicht aufgegangen: In der Seele der Menschen geht nichts verloren. Erlebnisse, mit denen man sich nicht auseinandersetzt, wirken im Untergrund weiter, breiten sich in ihrer Wirkung weiter aus. Je weniger ein seelisches Muster hinterfragt wird, desto mächtiger wird es. Was bei Tantalus noch den Aufstand der Götter, Rettungsversuche, Gewissensbisse und Tantalusqualen hervorruft – nämlich die mörderische Vater-Sohn- Beziehung –, führt bei Pelops schon ins moralisch scheinbar Erlaubte. Das Opfer legitimiert seine Gewalttätigkeit mit Notwehr. Damit wird das Mus-ter von Mord und Totschlag aber zur Selbstverständlichkeit, und Atreus wächst mit dem Gefühl auf, dass Macht notwendigerweise auf Gewalt beruht. Er übernimmt das Gewaltmuster seiner Väter unreflektiert, ohne zu denken – und setzt es bedenkenlos bis zur letzten Konsequenz ein. Fehler, die nicht reflektiert und korrigiert werden, verfolgen spätere Generationen: Das ist die Kernaussage der Geschichte der Tantaliden.

Doch während die alten Griechen noch meinten, dass das Geschlecht des Tantalus eben von den Göttern verflucht worden wäre, ist in der biologistischen Sichtweise unseres Jahrhunderts dieser Fluch in die Gene projiziert worden: Bestimmte Menschen haben eben schlechte Gene und zeugen als Mörder eben wieder Mörder: man muss also nur das Mördergen finden und eliminieren – eine Sichtweise, die einem antiken Griechen wohl ebenso abergläubisch vorgekommen wäre wie uns sein Götterglaube.

Die seelische Wahrheit ist vielleicht viel einfacher: Unsere Wissenschaft und Wirtschaft beruhen auf dem Entdecken von Fehlern – allein was falsifizierbar ist, gilt als Wissenschaft. Nur wenn Fehler entdeckt und kritisiert werden können, ist Wissenschaft möglich. Nichts ist schlimmer als einen Fehler zu spüren, ihn aber nicht finden zu können. Stellen Sie sich vor, in Ihrem Auto ist eine Schraube kaputt. Sie merken, dass das Auto schlechter anspricht, finden den Fehler aber nicht und fahren weiter. Verschwindet das Problem von selbst? Mitnichten! Der kaputte Teil führt zu schlechterem Fahrverhalten und dies wieder dazu, dass andere Teile schneller verschleißen und ebenfalls kaputt werden. Je länger Sie den Fehler nicht finden, desto gefährlicher wird die Fahrt mit Ihrem Auto.

Fehler sind kein Problem, wenn wir sie rechtzeitig entdecken; unentdeckte Fehler aber können gefährlich werden. Jedem Mechaniker ist das selbstverständlich. Ausgerechnet aber, wenn es um uns selbst geht, hängen wir einer gegenteiligen, abergläubischen Haltung an: Seelische Fehler werden schon irgendwie von selbst verschwinden, wenn wir sie nur nicht beachten. Warum soll aber in unserer Seele funktionieren, was nicht einmal bei einer relativ einfachen Maschine funktioniert?

Oder nehmen Sie den Computer-Datums-Fehler der Jahrtausendwende: Vor vier Jahrzehnten war es bedenkenlos, die Jahreszahlen mit nur zwei Stellen im Computer einzuspeichern; vierzig Jahre später aber ist deswegen ein Schaden entstanden, für dessen Beseitigung Milliarden Schilling ausgegeben werden mussten. Oder ein Computervirus: Bleibt er unentdeckt, kann er ganze Firmen lahm legen.

Was das alles mit dem Fluch der Tantaliden zu tun hat? – Das Vorbild unserer Eltern funktioniert, vereinfacht gesprochen, ähnlich einem Computerprogramm. Kinder machen den Eltern deren Verhaltensweisen auf der Basis des Modelllernens einfach nach. Wie fertige Programme von einem Computer auf den anderen heruntergeladen werden können, übernehmen Kinder die Erfahrungen ihrer Eltern und probieren diese vorgelebten Muster aus. Dabei können sie aber auch die Programmfehler übernehmen, wenn sie an ihrer Entdeckung gehindert worden sind – und deren Destruktivität steigt mit der Häufigkeit der Anwendung und mit der Generalisierung des Musters. Damit wird auch klar, was Verdrängung bedeutet: Sie ist nichts anderes als die Ausschaltung der Fehlerwahrnehmung. Irgendwie scheinen das schon unsere Vorfahren erkannt zu haben.

Sieht man nun von Kriegszeiten ab, wo finden wir dann die Atriden unserer Gesellschaft? – Seit vielen Jahren klagen Lehrer, Sozialarbeiter und Politiker über eine Zunahme der Aggressivität von Kindern und Jugendlichen. Im Extremfall zünden Jugendliche Häuser von Asylanten an, erschießen ihre Lehrer, erstechen Obdachlose, sind ohne jede Hemmschwelle in ihrer Brutalität. Psychologen reden von einer Zunahme der aggressiven Störungen des Sozialverhaltens, der Volksmund spricht von aggressiven Psychopathen, die ohne Einfühlungsvermögen und Hemmung ihre Aggression an anderen auslassen. Und mit Erklärungen dafür ist man schnell bei der Hand: Es geht uns zu gut, die Jugendlichen sind verwöhnt und kennen keine Grenzen, es gibt zuviel Fernsehen und zuviel Gewaltvideos etc. Bei all dem werden die Jugendlichen zu den alleine Schuldigen gestempelt, die entweder therapiert oder eingesperrt werden müssen. Die Gesellschaft tut so, als hätte sie mit dieser Gewalt nichts zu tun. Die Argumentationslinie der Medien könnte man dabei überspitzt folgendermaßen beschreiben: In einem Land mit friedlichen Erwachsenen, die nie irgendwelche Aggressionen gehabt haben und in dem seit Generationen Gewaltfreiheit herrscht, wächst plötzlich eine Generation von Monsterkindern heran, verdorben durch den Genuss von Terminator-Videos; solche Videos, die den Untergang des Abendlandes herbeizuführen drohen, sind daher möglichst zu verbieten.

Was hier als Karikatur dargestellt ist, soll zeigen, wie weit verbreitet die Verdrängung der Gewalttradierung in unserer Gesellschaft ist. Der Tantalusmythos erzählt uns eine andere Geschichte: Der Psychopath ist ein Kind von Verdrängern, von Menschen, die ihre Probleme nicht sehen wollen, von Menschen auch, in deren Familien es bereits Täter gegeben hat – Täter, deren Modelle von den verhaltensschwierigen Kinder übernommen werden. Spätestens die Großeltern unserer Kinder haben den Zweiten Weltkrieg erlebt – als Opfer oder Täter oder als beides in einer Person. Das Modell der Gewalt ist also nicht irgendein Fantasieprodukt aus einem Video, sondern die gelebte Realität, die wir täglich in den Nachrichten zu hören bekommen. Väter werden wirklich erschossen,

Frauen wirklich vergewaltigt, Kinder verlieren wirklich ihre Eltern und es ist kein böser Traum, aus dem sie wieder erwachen können. Solange wir Erwachsenen das Gewaltmodell von Krieg, Folter und Tod nicht abgeschafft haben, sollten wir uns verantwortlich fühlen für die Gewalt, die in unseren Kinderstuben herrscht.

In der psychologischen Praxis lässt sich oft die folgende Kausalreihe aufdecken: Ein aggressives Kind droht aus der Schule zu fliegen, weil es andere Kinder schlägt. Die Lehrer sind entsetzt – schon wieder ein aggressiver Bub in der Schule! – und rufen nach dem Psychologen. In der Familientherapie stellt sich heraus, dass der Bub ohne Vater bei seiner alleinerziehenden Mutter aufwächst, die ihm wenig Grenzen setzt, die nicht streng sein möchte, weil sie unter den Prügeln und drakonischen Strafen ihres eigenen Vaters gelitten hat. Dieser Großvater des Kindes schildert heute noch seine Zeit als Wehrmachtssoldat im Zweiten Weltkrieg als die schönste Zeit seines Lebens, schwärmt von Kameradschaft und Kampf und idealisiert die Brutalität, die sein Leben geprägt hat – über Generationen wurden in dieser Familie die Kinder mit Schlägen erzogen. Die Mutter des Buben hat die Gewalt ihrer Kindheit nicht verarbeitet und sie traut sich nicht, ihrem Kind Autorität zu sein. Der Sohn sucht unbewusst nach einer männlichen Autorität, weil ihm der Vater fehlt. Das einzige männliche Modell aber ist sein Gewalt idealisierender Großvater, und dieses Modell übernimmt der Sohn in seiner Suche nach männlicher Identität: Nun lebt er im Glauben, dass ein starker Mann eben zuschlagen muss.

Solange die Gewaltmodelle in der Familie nicht verarbeitet werden, verstärkt sich die Verhaltensstörung des Kindes, bis es nicht mehr zu bändigen ist – und wir mit einer modernen Atreus-Geschichte konfrontiert sind. Wie wir aber gesehen haben, gibt es keinen Atreus ohne familiären Hintergrund. Unsere schwierigen Jugendlichen – sie sind Kinder des Tantalus.

V. Agamemnon, der Held um jeden Preis

Agamemnon, der Sohn des Atreus, hatte, als er König von Mykene wurde, bereits seinen Onkel getötet, um seinen Vater zu rächen. In seiner Funktion als oberster Heerführer der Griechen ist er dann in eine peinliche Situation gekommen: Kurz bevor das griechische Heer nach Troja auslaufen wollte, um den Raub der Helena zu rächen, erlegte Agamemnon eine der Göttin Artemis geweihte Hirschkuh; und Artemis, zutiefst beleidigt, forderte daraufhin, dass Agamemnon ihr seine Tochter Iphigenie opfere, ansonsten würde sie dauernde Windstille über die Flotte legen. Nach langem Hin und Her stellt Agamemnon seine Karriere als Heerführer und Held über seine Gefühle als Vater und opfert Iphigenie. Im letzten Moment entführt die Göttin Iphigenie nach Kolchis – das allerdings ohne Wissen von Agamemnon und dessen Frau Klytämnestra, weshalb zehn Jahre später Agamemnon durch die Hand seiner Frau sterben wird, weil ihn diese für den Tod ihrer Tochter verantwortlich macht.

Der Zweck heiligt die Mittel, scheint Agamemnon sich gedacht zu haben. Hehre Ziele erfordern eben Opfer. Auch wenn es noch so weh tut und man sich das Herz aus dem Leib reißen und die Lieblingstochter opfern muss: Der Sieg über den Feind steht über allem. – Wie oft wurde nicht im 20. Jahrhundert Ähnliches gepredigt! Etwa: Die Revolution erfordert Opfer. Das Resultat: Die Kollektivierung der Landwirtschaft in Russland haben Millionen Bauern mit ihrem Leben bezahlt. Die Kulturrevolution in China hat Millionen Menschen ins Unglück gestoßen. Die Züchtung des arischen Menschen hat in den Augen der Nationalsozialisten die Ausmerzung allen unwerten Lebens gerechtfertigt. Aber auch die neue Weltordnung des Kapitalismus ist auf ihrem Weg zur Strukturbereinigung über einige Leichen gegangen. Kurz: Wann immer eine Ideologie fanatisch betrieben wird, kommen deswegen viele Unschuldige um.

Der Zweck heiligt die Mittel? Nein – Gewalt als Mittel wird selbst schnell zum Zweck. Und das „heilige" Mittel ist nichts anderes als Gewalt in perfekter Verkleidung, die sich so vor moralischer Verurteilung schützt. Die Tiefenpsychologie nennt diesen Vorgang Rationalisierung: Ich suche einen guten Grund für mein falsches Handeln, um dieses falsche Handeln nicht hinterfragen zu müssen. Und so behält dieses Handlungsmuster seine Macht über mich.

Die Tat des Agamemnon ist eigentlich die Wiederholung der Tat des Tantalus. Wieder wird ein Kind geopfert, wieder wird es durch göttlichen Beschluss gerettet. Auf der bewussten Ebene bringt Agamemnon ein Opfer für sein Heer – auf der unbewussten aber geht er dem Beispiel seines Urgroßvaters auf den Leim. Das unbewusste Modell der Gewalt gegen Kinder pflanzt sich fort, allerdings in einer leichten Variation: Geopfert wird nicht der Sohn, sondern die Tochter. Es scheint, als wollte Agamemnon das Unheil ein Stück von sich wegschieben: Das eigene Geschlecht wird verschont, das Opfer vom anderen Geschlecht getragen. Nach dem Florianiprinzip (Verschon' mein Haus, zünd's andre an), wird die Vater-Sohn-Beziehung von der ererbten Gewalt entlastet, wird die Gewalt auf das weibliche Geschlecht abgewälzt. Zudem sind in einer patriarchalischen Gesellschaft Frauen ja auch weniger wert, und so erscheint das Kindesopfer auch weniger schlimm.

Jahrtausendelang waren Frauen die Opfer der Kriege, die von Männern geführt worden sind. Sie konnten sich nicht wehren, konnten gegen die Waffen der Männer nichts ausrichten. Ob Hexenverbrennung, Massenvergewaltigung, Tötung weiblicher Säuglinge und Föten oder schlicht die alltägliche Gewalt in der Familie: Wann immer das Aggressionspotenzial bestimmter Männer zu groß wird, sucht es sich seine Opfer nur zu leicht unter den Frauen. Und verwunderlich ist es daher nicht, dass sich in den vielen Jahrhunderten patriarchalischer Unterdrückung bei den Opfern eine ungeheure Wut aufgestaut hat – was uns zur nächsten Ebene der Gewalt führt: Die Frauen schlagen zurück!

VI. Klytämnestra, die Rächerin

Jahrelanger Groll hatte sich bereits in Klytämnestras Herz aufgestaut, und als ihre Tochter Iphigenie geopfert werden sollte, fuhr sie ihren Gatten an: „Mit einem Verbrechen hat unsre Ehe begonnen; du hast mich gewaltsam entführt, hast meinen früheren Gatten erschlagen, mein Kind von meiner Brust genommen und getötet – und nun willst du mir mein ältestes Kind rauben? Und warum? Damit der Menelaos seine Ehebrecherin wieder bekommt? Du willst deine Tochter schlachten?!" Aber Agamemnon blieb hart und vollzog das schreckliche Opfer. Und wenn auch Iphigenie von der Göttin Artemis gerettet wurde, für seine Frau war Agamemnon ein Kindesmörder, und sie verfluchte ihn für alle Zeit. Während Agamemnon dann vor Troja zehn Jahre lang kämpfte, nahm sie sich den Ägisth zum Geliebten; und mit diesem zusammen erdolchte sie Agamemnon nach seiner Rückkehr: So rächte sich die Ehefrau für den Tod ihrer Tochter.

Wieder so eine alte Geschichte, die heute nicht mehr geschehen könnte? – Weit gefehlt! Hollywoodfilme und Krimimalgeschichten sind voller Klytämnestra-Themen: Die gekränkte Ehefrau, die sich einen Geliebten nimmt und mit diesem gemeinsam den Ehemann beseitigt – diese Story haben wir so oft im Fernsehen gesehen, dass es fast schon langweilig ist. Aber Sie könnten nun einwenden, Hollywood ist Hollywood und das wirkliche Leben doch etwas anderes. Aber ist nicht auch unser ganz normales Leben voll von ähnlich mörderischen Beziehungskonflikten? Zeigt nicht allein unsere Scheidungsstatistik, dass viele Frauen die Nase voll haben von ihren gewalttätigen Männern, die sie missachten und unterdrücken? Über Jahre waren es mehrheitlich die Frauen, die ihre Männer verließen, weil sie deren Verhalten einfach nicht mehr ertragen wollten. Frauen, die schon unter der Gewalt ihrer Väter gelitten haben, erleben nun bei ihren Männern Unterdrückung und fassen eines Tages den Entschluss, sich das nicht mehr gefallen zu lassen. Sie hören auf, sich zu fürchten, und schlagen zurück. Die meisten nur verbal, viele durch Trennung und einige, indem sie Gewalt mit Gewalt beantworten. Und die Fälle, die in Gerichtsakten und Zeitungen dokumentiert werden, sind nur die Spitze des Eisbergs: Leid und Gewalt zwischen Ehepaaren sind so weit verbreitet, dass noch Generationen von Psychologen und Eheberatern davon leben könnten.

Dabei kann es den Frauen niemand verdenken, dass sie – vor allem seit der Entstehung der Emanzipationsbewegung – anfangen, sich zu wehren. Denn es bleibt die Tatsache, dass die Gewalt zuerst von den Männern ausgegangen ist und dass bei Ehekonflikten weitaus mehr Männer als Frauen gewalttätig sind. Die Tat der Klytämnestra ist nur eine Reaktion auf die Untat des Agamemnon. Die Gewalt der Männer scheint die Gegengewalt der Frauen zu rechtfertigen, moralisch scheinen sie im Recht, und ihre Wut scheint nichts anderes als Notwehr zu sein. Das Problem dabei ist freilich, dass sie sich durch die Wiederholung der Gewalt auf gerade jene Ebene begeben, die sie bei den Männern so verabscheut haben: Rache löst keine Probleme, sie führt nur zur weiteren Ausbreitung von Gewaltmustern. Indem es Klytämnestra den Männern gleichtut und Mord mit Mord vergilt, lässt sie sich in die Welt der Tantaliden hineinziehen. Sie geht, so könnte man auch sagen, den Tantaliden geistig auf den Leim, wenn sie zu glauben beginnt, dass die Welt von Gewalt und vom Recht des Stärkeren beherrscht wird. Sie gibt damit ihre eigenen Wertvorstellungen von Frieden, Harmonie und Ausgleich auf – jene Werte, die das Potenzial gehabt hätten, das Gewaltmuster der Männer zu korrigieren – und versucht, gleichsam der stärkere Mann zu sein. Sie wird dadurch in den tödlichen Strudel der Gewaltwelt gerissen – und kommt, wie wir sehen werden, selbst darin um.

Die Wut der Klytämnestra entzündet sich am Verrat, der an ihrer Tochter geübt wird. Und auch heute entzündet sich die Wut auf den Mann oft an dessen Verhalten gegenüber den Kindern. Sei es, dass er kein Kind will, eine Abtreibung vorschlägt, für die Kinder keine Zeit hat, sie ablehnt, sich nicht um sie kümmert. Schlechtes Verhalten in der Mann-Frau-Beziehung wird oft erstaunlich lange ertragen – der Verrat an der Vaterschaft hingegen, also das Tantalusverhalten, bringt das Fass in Ehen und Beziehungen zum Überlaufen. Die Frau kommt dadurch in die Position, dem Mann sein Fehlverhalten gegenüber den Schwächsten in der Familie vorwerfen zu können; sie wird zur Rächerin der Kinder. Und solche Rachefeldzüge werden oft über Jahre vor dem Scheidungs- oder Familienrichter geführt.

Dann passiert aber gern Folgendes: Plötzlich werden die Kinder nur mehr als Grund vorgeschoben, um die eigenen Aggressionen am ehemaligen Partner ausleben zu können. Vor dem Richter wird um das Besuchsrecht gestritten, mit dem Ziel, den unmöglichen Vater aus dem Leben der Kinder zu verbannen – die Bedürfnisse der Kinder sind plötzlich nicht mehr wichtig, es geht nur mehr darum, den Expartner aus dem Feld zu schlagen.

Auch Klytämnestra nimmt in ihrer Wut in Kauf, dass die Vernichtung des Mannes zugleich die Kinder des Vaters beraubt: Der Wunsch der Kinder nach einem Vater zählt in diesem Drama nicht. Damit begibt sich Klytämnestra aber ein zweites Mal auf das sumpfige Geländer des Tantalusverhaltens. Nicht nur, dass sie das Muster der Gewalt wiederholt, sie wiederholt auch die gewaltsame Trennung von Vater und Kind. Und damit kommt das eigentliche Trauma aus der Verdrängung wieder hoch, nämlich der Verlust der Vaterbeziehung. Dieser Verlust ist seit Pelops das eigentliche Trauma der Kinder, und weil das schon von Pelops verdrängt worden ist, hat der Schmerz darüber Generationen hinweg im Unbewussten geschwelt. Durch den Tod des Vaters, der nun erstmals in einer Opferposition ist, wird dieser Schmerz bewusst und kommt an die Oberfläche. Dafür, dass Klytämnestra sich auf das Gewalt-Niveau der Männer begibt, bezahlt sie also zweifach: mit ihrem Leben und mit dem Verlust der Liebe ihrer Kinder. Orest und Elektra werfen der Mutter nun vor, dass sie keinen Vater mehr haben. Am Verlust der Geborgenheit, der mit der Tat des Tantalus einsetzt, ist also plötzlich die Mutter schuld; sie erntet nun die Wut und den Schmerz, die sich seit Generationen aufgestaut haben. Plötzlich ist die „böse Mutter" am Zerbrechen der Familie schuld, obwohl dieses Zerbrechen doch eigentlich in der Tantalus-Tat des Vaters seine Ursache hat.

Dieses Bild der „bösen Mutter" geistert seit hundert Jahren durch die psychologische Literatur. Das falsche Verhalten der Mutter ist als Hauptursache für das Unglück der Kinder bezeichnet und für die Entstehung von Neurosen, Psychosen und psychosomatischen Krankheiten verantwortlich gemacht worden. Und Mütter kommen so oft mit einer Abwehrhaltung zum Psychologen, weil sie aus langer Erfahrung fürchten, von diesem beschuldigt zu werden. Dabei hat in Wirklichkeit in den meisten Fällen nur die Klytämnestra-Falle funktioniert: Wenn Frauen ihre Wut und Kritik an den Männern und an der patriarchalischen Unterdrückung laut werden lassen, kann man sie schnell mundtot machen, indem man die Wut über die Unterdrückung auf sie umlenkt. Die Gewalt des Patriarchats ist vergessen, wenn die Mutter als böse, als unfähig und fehlerhaft dargestellt wird – was umso leichter ist, weil die Mutter in fast allen Fällen die

Hauptbezugsperson der Kinder ist und so alle Defizite und Schwächen des Familiensystems dem kleinen Kind als Eigenschaften oder Verhaltensweisen der Mutter erscheinen. Das Bild der Mutter ist sozusagen der Übertragungskanal, durch den dem Kind die Taten und Eigenschaften des Familiensystems vermittelt werden. Böse Taten und Fehler führen so sehr leicht zum Bild der bösen Mutter, auch wenn die Schwächen der Mütter oft bloß Reaktionen auf Taten und Schwächen der Väter sind. Und die waschen ihre Hände in Unschuld und verweisen auf die Fehler der Mütter, die ja schließlich für die Kindererziehung verantwortlich seien. Die Wut auf die schuldige Mutter überlagert dann die alte, verdrängte Wut auf die Untat des Vaters, der ja in der Tantalusgeschichte die Familie als erster verraten hat. Dieses Umlenken der Schuld auf die Frau gelingt besonders gut in einer Zeit, in der die Frauen, nach Jahrtausende währender Unterdrückung, wieder Verantwortung tragen wollen: Wenn sie dazu die Machtmittel der Männer einsetzen, tappen sie leicht in die Falle der Klytämnestra, wird ihnen nicht nur die Verantwortung für die eigene Schuld zugewiesen, sondern auch die Schuld an der über Generationen von Männer ausgeübten Gewalt. Das führt letztlich zum Verlust der weiblichen Macht, die ihre größte Stärke im Einfluss auf die eigenen Kinder hat; und nicht zuletzt kann ein massiver Mutter-Tochter-Konflikt die Folge sein: Die Tochter idealisiert den verschwundenen Vater und greift die Mutter an, obwohl die doch alles für die Tochter getan hat. Damit kommen wir zur Geschichte der Elektra.

VII. Elektra oder die Idealisierung des verlorenen Vaters

Elektra war noch ein kleines Mädchen, als ihr Vater Agamemnon nach Troja zog, nachdem er zuerst ihre ältere Schwester Iphigenie geopfert hatte. Erst nach zehn Jahren hat sie ihn wiedergesehen – um ihn dann sehr schnell durch die Tat der Mutter erneut zu verlieren. Elektra hat also das Schicksal vieler kleiner Mädchen geteilt, die ihren Vater zwar lieben, diese Liebe aber nicht leben können, weil der Vater nie da ist und schließlich verloren wird. Die Vatersehnsucht sucht sich aber einen Weg – sie wird dann eben in der Phantasie ausgelebt: Wenn der Vater erst da wäre, dann wäre er ein liebevoller, ein fürsorglicher Vater. In der Phantasie ist es leicht zu idealisieren, in der Phantasie können die Fehler des Vaters leicht verleugnet werden. Auch die Taten des Vaters werden idealisiert: Die Opferung der Iphigenie erscheint dann nicht als Gewalt an einem

Kind, sondern als heroischer Akt: Der Vater hat seine eigenen Interessen für das Heer der Griechen geopfert, und weil Iphigenie ja schließlich doch gerettet worden ist, kann der Vater der große angehimmelte Held bleiben. Aus dem Mangel an väterlicher Zuwendung heraus wird die Tat an Iphigenie sogar als Akt väterlicher Zuwendung umgedeutet: Sie, seine Älteste, hat er für sein großes heroisches Opfer ausgewählt; vielleicht hat er sie mehr geliebt und beachtet als Elektra! Über Jahre des Wartens auf seine Rückkehr drängt es Elektra, endlich dem Vater nahe sein zu dürfen. Und dann wird diese Hoffnung jäh durch die Mutter zerstört, die in ihrem Hass auf den Mann dem Vater keinen Platz in der Familie mehr zugestehen will. An diesem Schock zerbricht Elektra: Der Schmerz über den Vaterverlust ist so groß, dass Elektra die Perspektive der Mutter nicht mehr einnehmen kann: Sie identifiziert sich mit dem Vater und gibt damit ihre weibliche Identifikation mit der Mutter auf. Zudem greift sie durch die männliche Identifizierung das Gewaltmuster der Väter auf und sinnt nur noch auf Rache: Sie ist es, die ihren Bruder Orest zum Mord an der Mutter aufstachelt und jahrelang nur dem Ziel lebt, die Mutter ihrer gerechten Strafe zuzuführen. Vom mütterlichen Vorbild übernimmt sie so nur das Motiv der Rache, also den bereits männlich geprägten Teil – so wird die Beziehung zwischen Mutter und Tochter zerstört und damit die weibliche Solidarität. Klytämnestra verliert ihre Tochter in zweifacher Hinsicht: Zum einen wird die Beziehung der beiden vergiftet und zum anderen verliert sie Elektra geistig an die Welt der Männer, weil Elektra eine männlich orientierte Vater-Tochter wird. Die Tantalusgeschichte findet nun ihr weibliches Gegenstück: Ist vordem durch die Gewalt des Tantalus die Vater-Sohn-Beziehung zerstört worden, so zerstört nun die Rache der Frauen die Mutter-Tochter-Beziehung.

Was hat nun Elektra mit der heutigen Zeit zu tun? Heute lassen Töchter doch ihre Mütter nicht umbringen! Dennoch lässt sich jede Menge Aggression zwischen Müttern und Töchtern feststellen – und zwar interessanterweise gerade in Familien alleinerziehender Mütter, in Familien, denen die Väter verlorengegangen sind. Gerade Mütter, die ihre Kinder ohne Mann erziehen, haben manchmal eine unbewusste Klytämnestrageschichte. Sie haben mit Vätern und Männern schlechte Erfahrungen gemacht und sie daher aus ihrem Leben verbannt. Sie versuchen, sich auf die Kraft des Matriarchats zu besinnen und die Kinder allein mit weiblicher Kraft großzuziehen. Und für die Entwicklung der weiblichen Identität sind Männer ja wirklich nicht notwendig, vor allem dann, wenn die Männer Täter sind – alkoholisierte, gewalttätige, brutale Täter. Deshalb werden die Väter von den Töchtern ferngehalten, Beziehungen werden abgebrochen, sobald sich das Bild vom „bösen Mann" bestätigt und dieser sich genauso brutal verhält, wie man es vom eigenen Vater schon kennt. In bester Absicht wird die Kunde von den schlechten Erfahrungen mit den Männern an die Tochter weitergegeben, um diese zu schützen. Dabei übersieht die Mutter jedoch, dass das für die Tochter den Verlust des Vaters bedeutet. Wie Elektra haben die meisten Töchter aber die Sehnsucht in sich, den Vater zu lieben und seine verwöhnte Prinzessin zu sein; sie wollen ihn um den Finger wickeln und von ihm bewundert werden. Wenn die Tochter auf all dies verzichten soll, kann sie auf verschiedene Weise reagieren. Zunächst versucht sie vielleicht, die Eltern wieder zusammenzubringen. Wenn das nicht klappt, machen sich kleine Mädchen oft auf die Suche nach einem passenden anderen Mann für die Mama nach dem Motto „Willst du nicht mein Papa sein?". Und wenn auch das keinen Erfolg hat, kann sie der Mama glauben und die Väter ebenfalls schlecht machen. Damit ist aber ihre Sehnsucht nach einer liebenden Vaterbeziehung noch immer nicht gelöst. Irgendwann kippt ihr Gefühl wahrscheinlich in die letzte Reaktionsmöglichkeit: Sie macht die Mutter dafür verantwortlich, dass sie keinen Vater hat – und liegt damit gar nicht einmal so falsch. In vielen Fällen lässt sich beobachten, dass Töchter von alleinerziehenden Müttern diese in der Pubertät heftigst attackieren und kein gutes Haar an ihnen lassen. Die Mutter versteht dann die Welt nicht mehr: Warum wird sie so beschuldigt, wo sie doch alles für ihr Kind getan hat? Wie kann ihr liebes Mädchen sich so plötzlich in eine muttervernichtende Furie verwandeln? Die Antwort liegt im unbewussten Elektra-Gefühl der Tochter: Diese fühlt sich betrogen um die liebende Vater-Beziehung und um das Modell einer liebenden Mann-Frau-Beziehung. Der Anteil der Väter an dieser Misere geht in der Vater-Idealisierung unter.

VIII. Iphigenie oder die legale Flucht aus dem Wahnsinn

„Als Iphigenie am Strand von Aulis geopfert werden sollte, da entführte die Göttin Artemis voll Erbarmen das Mädchen und trug es auf ihren Armen über Meer und Land nach Taurien, in ihren eigenen Tempel. Dort fand sie der König des Barbarenvolkes und bestellte sie zur Priesterin des Artemistempels, wo sie im Dienst der Göttin, wie die Sitte des Landes es heischte, jeden Fremdling, dessen Fuß dies Ufer betrat – und meistens waren es Landsleute von ihr, Griechen – der Landesgöttin opfern musste. Doch hatte sie nur das Todesopfer zu weihen, niedrige Diener der Göttin mussten es in das Heiligtum zur Schlachtbank schleppen." (nach Gustav Schwab: Die schönsten Sagen des klassischen Altertums)

Iphigenie hat Glück im Unglück. Es ist ihr Unglück, dass sie als die älteste Tochter als Erste in die Konflikte ihrer Eltern hineingezogen wird. Das negative Familienmuster – Gewalt und Tod – erwischt sie zuerst: Sie wird vom Vater geopfert und in ihrem kindlichen Vertrauen missbraucht. Iphigenie fügt sich in ihr Schicksal und ist bereit, zum Ruhme des Vaters und des Heeres der Griechen zu sterben. Selbst im Moment des Missbrauchs entschuldigt sie die Tat des Vaters und übernimmt seine Rationalisierung und seine heroischen Argumente. Wie viele solcher Opfer unterliegt sie der Gehirnwäsche des Täters, wonach ja alles nur zu seinem Besten sei. Selbst im Moment der größtmöglichen Verletzung darf sie die Welt des Vaters nicht hinterfragen oder dagegen protestieren. Und das ist ja auch heutzutage der Grund dafür, dass der Missbrauch von Töchtern in jedweder Form so lange vertuscht oder als normal hingestellt werden kann.

Iphigenie hat aber auch Glück. Ihr Schicksal bleibt nicht geheim, sondern wird im Gegenteil ein höchst öffentliches. Das führt dazu, dass sich die Göttin Artemis ihrer erbarmt und beschließt, sie aus dieser Familie zu erretten – gewissermaßen das, was wir heute Fremdunterbringung nennen würden. Artemis ist gleichsam die Behörde, die den Ausgang des Falles entscheidet. Heute schreitet bei Bekanntwerden von Missbrauchsfällen das Jugendamt ein, entfernt in derart drastischen Fällen das Kind aus der Familie und bringt es in einem Heim oder bei einer Pflegefamilie unter. Das erste Kind einer Familie, das in die Familienkonflikte hineingezogen und damit auffällig wird, hat gute Chancen, auch als Erstes die Fami-lie verlassen zu könne. Viele belastete Kinder fantasieren sich eine gute Fee, die sie retten und beschützen wird. Heute interveniert zwar weder die Göttin Artemis noch die gute Fee, doch manchmal werden die Hilferufe, die solch belastete Kinder an ihre Umgebung richten, von jemandem gehört, der sich ihrer erbarmt. Dieser Jemand kann eine Lehrerin sein, eine Sozialarbeiterin, eine Ärztin im Krankenhaus, eine Verwandte. Wie das Einschreiten der Göttin im alten Griechenland ein in der Vorstellung der Griechen durchaus üblicher Weg gewesen ist, so finden sich auch heute legale Wege, um den Wahnsinn der eigenen Familie hinter sich zu lassen: der Besuch eines Internats etwa, ein längerer Spitalsaufenthalt wegen einer durch die Familienkonflikte verursachten psychosomatischen Krankheit; oder das Kind wird durch das Einschreiten des Jugend-amtes in eine sozialpädagogische Einrichtung geschickt. Wenn es einem Kind zuhause schlecht geht, dann wird es nicht selten durch eine solche legale Flucht gerettet.

Iphigenies Zufluchtsort war der Artemistempel auf Tauris, bei einem wilden Barbarenvolk auf der Halbinsel Krim. Auch heute werden Jugendliche in die Wildnis geschickt, im Rahmen der so genannten Erlebnispädagogik, um sich von ihren negativen Erfahrungen zu erholen. Zudem ist der Tempel der Jagdgöttin Artemis kein schlechter Ort, um ein bedrohtes Mädchen zu schützen: ein Platz, der ganz dem Weiblichen gewidmet ist, für Männer ein lebensbedrohlicher Ort. Hier kehren sich die Machtverhältnisse um. Hier werden nach der Sitte der Barbaren griechische Männer geopfert. Hier hat die Frau die Macht über Leben und Tod. Heute würde ein Mädchen sich vielleicht an ein Frauenhaus wenden, wenn es Schutz vor der Macht der Männer benötigt.

Iphigenie ist also dem Unheil entronnen. Das härteste Unglück verkehrt sich in das Glück, entkommen zu sein, während die jüngeren Geschwister in der schwierigen Familiensituation bleiben und mit den weiteren Steigerungsstufen des Wahnsinns zurechtkommen müssen. Dennoch ist Iphigenie innerlich nicht wirklich frei von den erlebten Gewaltmustern, sie schleppt ihre negativen Erfahrungen mit ins neue Leben und wird mit dem Unverarbeiteten erneut konfrontiert – allerdings mit umgekehrten Vorzeichen: Die Taurisker verlangen von ihr, als Priesterin griechische Männer der Göttin zu opfern. Das Opfer wird so plötzlich zur Täterin, wenn auch unfreiwillig und aus heiligem Anlass. Iphigenie fügt sich in diese Rolle der männermordenden Priesterin – vielleicht auch, weil in ihrem Unbewussten doch der uneingestandene Hass auf das erlittene Unrecht und die Wut auf das gesamte Heer der Griechen, die doch alle ihren Untergang gefordert haben, schwelen. Welch günstige Gelegenheit, in heiligem Auftrag Rache zu üben, ohne eigene Verantwortung – ist es doch der Wille der Göttin! Innerlich ist Iphigenie anscheinend doch noch in das Gewalterleben verstrickt und hat es keineswegs verarbeitet, auch wenn sie äußerlich flüchten konnte. Um den Fluch der Tantalus wirklich loszuwerden, wird sie Hilfe brauchen. Dies spürt sie auch – und hofft in ihren Träumen auf das Auftauchen ihres Bruders Orestes.

Viele Kinder, die früh ihren devastierenden Familienverhältnissen entkommen sind, werden bald selbstständig und stark. Sie bauen sich schnell einen Zufluchtsort außerhalb der Familie auf, heiraten rasch und leben bald vom eigenen Geld. Nicht selten handelt es sich dabei um Erstgeborene wie Iphigenie. Sie lernen, auf sich selbst zu vertrauen, sind frei von der Familie und deren Belastungen und nehmen ihr Leben in die Hand. Das ist zweifellos wesentlich angenehmer als die Opferrolle – es bedeutet aber noch nicht, dass die seelischen Verletzungen damit ausgeheilt wären. Nicht selten arbeiten die Entkommenen dann in sozialen

Berufen – als Sozialarbeiter, Ärzte oder Lehrer –, in denen sie es erneut mit Opfern zu tun haben, mit Opfern, die sie mit ihrer eigenen Vergangenheit konfrontieren. Die Versuchung ist groß, erneut in die alten Muster einzusteigen und einen heiligen Krieg zu beginnen, der primär die Vernichtung der Täter zum Ziel hat. („Die beschissenen Männer gehören alle eingesperrt"). Die destruktiven Muster der Gewalt aber verlieren erst ihre Macht, wenn ein völlig anderer Weg beschritten wird, wie uns die Geschichte von Iphigenie und Orest in weiterer Folge zeigt.

IX. Chrysothemis, die ängstlich Angepasste

Chrysothemis ist die Unauffällige in der Familie. Anders als ihre berühmten Geschwister Elektra, Iphigenie und Orest ist sie auch kaum bekannt. Über sie sind keine Dramen oder Opern geschrieben worden, sie wird leicht übersehen. Es gibt über sie ja auch kaum etwas zu berichten – sie verhält sich während des ganzen Familiendramas völlig unauffällig. Sie erfüllt brav die Gebote ihrer Mutter Klytämnestra – aus Angst vor deren Zorn. Der Schock über den Tod des Vaters führt bei Chrysothemis zu einem Totstellreflex: Nur nicht auffallen, nur nicht die Mutter reizen, sich immer angepasst verhalten, dann geschieht einem vielleicht nichts. Außerdem kann man den Vater ohnehin nicht mehr lebendig machen. Also entscheidet sich Chrysothemis für das, was sie noch hat, und ergreift die Partei der Mutter. Sie identifiziert sich mit Klytämnestra und übernimmt deren Standpunkt mit allen Rechtfertigungen und Rationalisierungen. Sich als Tochter mit der Mutter zu identifizieren ist der einfache und normalerweise auch gesunde Weg. Allerdings: Weil Chrysothemis die Schwächen der Mutter keineswegs hinterfragen darf, kann sie auch keinen eigenen Standpunkt einnehmen, kann kein eigenes Profil entwickeln, kann bloß eine Mitläuferin bleiben.

Chrysothemis ist nach heutigen Maßstäben die ideale Tochter: brav, angepasst, folgt der Mutter und macht keine Schwierigkeiten. Heute ginge sie wahrscheinlich ins Gymnasium und hätte gute Noten. Sie ist der beste Beweis dafür, dass man auch ein schwieriges Schicksal ohne jeden Kratzer überleben und dabei gesund und erfolgreich bleiben kann. Also stimmt es gar nicht, dass eine negative Kindheit die Persönlichkeit negativ prägt? – Kann ja nicht stimmen, denn irgendetwas dieser Art haben wir doch alle erlebt, wo kämen wir da hin, wenn wir uns von solchen Erlebnissen unterkriegen ließen! Solche oder ähnliche Argumente bekommen wir Psychologen oft zu hören, wenn wir tiefenpsychologisch argumentieren. Und siehe da, es funktioniert wirklich: Mit der Strategie „Augen zu und durch" lässt sich tatsächlich vieles überstehen.

Schauen wir aber genauer hin, so erkennen wir, dass Chrysothemis die Strategie ihres Urgroßvaters Pelops wiederholt: Auch der hat sich schon mit Vergessen und Verdrängen scheinbar mühelos aus der Affäre gezogen. Wenn aber Chrysothemis eine Art weiblicher Pelops ist, dann dürfen wir ihrer Überlebensstrategie doch etwas misstrauen. Schon bei Pelops hat das Verdrängen nicht wirklich geklappt: Er hat sich zwar selbst freigespielt, das Muster des mordenden Elternteils aber unverarbeitet an seine Nachkommen weitergegeben, die es dann umso extremer ausgelebt haben. So wie Atreus die überlieferte Rolle des gewalttätigen Mannes in der schrecklichsten Form übernommen hat, so laufen die Töchter der Chrysothemis Gefahr, in die Rolle der „bösen Mutter" zu schlüpfen. Wir hätten dann den häufig erlebten Fall, dass eine vernünftige, sozial angepasste Mutter sehr schwierige Töchter hat. Und das würde auf das Unverständnis der Umwelt stoßen – wenn die Tat der Klytämnestra tatsächlich perfekt verdrängt, vertuscht und vergessen hätte werden können. Insofern hat Chrysothemis Glück, dass ihre Geschwister Iphigenie und Orest vom Schicksal gezwungen werden, sich mit dem Familienproblem auseinander zu setzen und nach einer Lösung zu suchen.

X. Orestes oder die Hassliebe zur Mutter

Orest war zwei Jahre alt, als sein Vater nach Troja zog. Mehr noch als die seiner Schwester Elektra war seine Kindheit von der Abwesenheit des Vaters geprägt. Als Agamemnon getötet wurde, war Orest zwölf, und dieser Verlust muss ein entsetzliches Trauma für ihn gewesen sein. Der Vater, der schon so lange gefehlt hat, ist nun endgültig verloren – und noch dazu durch die Hand der Mutter. Orest konnte dieses Trauma nur überleben, indem er all seinen Hass gegen die Mutter richtete und sich und seiner Schwester Elektra schwor, die Mutter umzubringen, sobald er zum Manne gereift und stark genug dazu wäre. Unter Mithilfe Elektras flüchtete Orest zum Hofe eines Verwandten, weil er fürchtete, die Mutter würde ihn ebenfalls umbringen. Nach zehn Jahren im Exil kehrte er zurück und tötete die Mutter und deren Geliebten Ägisth, um das schmachvolle Ende seines Vaters zu rächen.

So weit, so schlecht. Das kurze Ende einer bitteren Mutter-Sohn-Geschichte. Eine grausame Kriminalgeschichte aus einer längst vergangenen Zeit der Blutrache. Oder gibt es auch heute Söhne, die voller Hass und Aggression auf ihre Mutter sind? – Erinnern wir uns an den genialen Hitchcock-Film „Psycho": Ein Muttersöhnchen, das ein Leben lang in enger Symbiose mit seiner Mutter aufwächst, bringt diese schließlich in einem Wutanfall um. Die Wut auf die Mutter ist aber so groß, dass er gleich alle Frauen umbringen muss, in die er sich verliebt. Und das tut er so lange, bis er schließlich gefasst wird. Bei vielen aggressiven Buben in der kinderpsychologischen Praxis findet sich ein ähnlicher Zusammenhang: Sie müssen der alleinstehenden Mutter den Partner ersetzen und fühlen sich durch deren emotionale Bedürfnisse erdrückt. Ohne das väterliche Modell als Ausgleich scheint die Nähe der Mutter für heranwachsende Buben etwas Gefährliches zu sein. Söhne brauchen Väter. Wenn ihnen der Vater vorenthalten wird, haben sie ein Problem, das sich nicht selten in aggressiven Handlungen entlädt. Wenn dann die Mutter den Vater symbolisch „tötet", wenn sie ihn schlecht macht, entwertet und aus dem Leben des Sohnes drängt, dann entlädt sich der Schmerz über das Fehlen des Vaters nicht selten in Hass gegenüber der Mutter. Die kämpferischen Bestrebungen des heranwachsenden Sohnes brauchen den Vater als Widerpart, der dem Sohn beibringt, seine Kraft zu lenken und zu steuern. Wenn der Vater ausfällt, dann fällt die Rolle des Sparring-Partners der Mutter zu, die aber oft damit nichts anfangen kann – weil sie ja Mutter sein soll und mit der Vaterrolle überfordert ist. Wenn der Vater ausfällt, schlüpft der Sohn in dessen Rolle als Verteidiger und Kämpfer, als Mann im Hause: So wird Orest auch gleich von seiner Schwester Elektra dazu verpflichtet, die Blutrache an der Mutter auszuüben, bevor er sich noch über seine eigenen Gefühle klar geworden ist. Schmerz, Überforderung, Verlust und symbiotische Nähe zur Mutter ergeben ein explosives Gemisch, das der Mutter sehr gefährlich werden kann. Wieder sind es alleinerziehende Mütter mit einem offenen oder versteckten Männerhass, die mit ihren Söhnen große Probleme bekommen. So verständlich die Wut der Frau ist, die von ihrem Vater misshandelt, geschlagen oder miss-braucht worden ist und die mit ihren Männern in einem Akt der Wiederholung ähnliche Erfahrungen gemacht hat, so logisch ihre Reaktion ist, nie wieder mit Männern etwas zu tun haben zu wollen – wenn sie einen Sohn großzieht, hat sie ein Problem. Selbst wenn sie ihr Heil bei einem neuen Liebhaber sucht, ihre ganze Wut aber an dem Vater des Sohnes auslässt, wird es für den Sohn nicht leichter. Denn der Sohn will und muss sich mit seinem Vater identifizieren, um ein Mann werden zu können. Und wenn sein Vater schlecht gemacht, also „getötet" wird, hat er nur mehr wenige Möglichkeiten. Er kann dem Vorbild der Mutter folgen und dann ebenfalls über die Männer herziehen: Dann muss er sich aber ständig gewissermaßen selbst kastrieren und bekommt große Probleme mit seiner Identität und seinem Selbstwertgefühl – wie das zum Beispiel bei männlichen Magersüchtigen der Fall ist. Oder er identifiziert sich mit dem negativen Männerbild, das ihm die Mutter übermittelt: Dann wird er entweder ein Versager, ein Krimineller oder ein Gewalttäter werden. Tatsächlich findet sich in den Lebensgeschichten von Kriminellen dieser Zusammenhang sehr häufig. Oder aber er identifiziert sich – bewusst oder unbewusst – mit dem abwesenden bzw. vernichteten Vater: Das führt dann zu einer Idealisierung und Überzeichnung von männlichem Verhalten, und er wird dann unter Umständen ein Macho, ein Rechtsradikaler oder ein Verfechter von Krieg und Blutrache. Wenn Mutter und Vater nicht miteinander können und sich gegenseitig bekämpfen, muss der Sohn sich für eine Seite entscheiden. Und um sich nicht selbst bekämpfen und aufgeben zu müssen, wird er sich in zwei von drei Fällen für die Seite der Männer entscheiden – mit dem Nachteil, dass er den weiblichen Einfluss und die Beziehung zur Mutter verliert und die männlich-aggressive Seite der Persönlichkeit dann kein Korrektiv mehr hat. Darin liegt also das Drama des Orest: Der Schmerz des Vaterverlustes kann nur ertragen werden, wenn auch die Mutter verloren oder vernichtet wird. Damit hat der Sohn aber in Wahrheit alles verloren und bleibt verwaist zurück.

Denn bei aller Wut, die sich schließlich explosionsartig gegen die Mutter richtet, liebt Orest natürlich seine Mutter, die ihn geboren und großgezogen hat – wenn er das auch in der ausweglosen Enge der Vaterlosigkeit und des Vaterverlusts nicht spüren kann. Umso größer bricht der Schmerz über ihn herein, als die Mutter tot ist.

XI. Der Durchbruch der Gefühle

„Orestes hatte nach dem Willen der Götter selbst gehandelt, denn ein Orakel des Apollon hatte ihm befohlen zu tun, was er getan. Aber die Pietät gegen den Vater hatte ihn zum Mörder an der Mutter gemacht. Nach der Tat erwachte die Kindesliebe in seiner Brust; und der Frevel gegen die Natur, den er im grässlichen Zwiespalt der Seele begangen hatte, lieferte ihn den Rächerinnen solcher Frevel, den Erinnyen oder Rachegöttinnen, aus. Töchter der Nacht und schwarz wie diese, von entsetzlicher Gestalt, übermenschlich groß, mit blutigen Augen, Schlangen in den Haaren, Fackeln in der einen Hand, in der andern aus Schlangen geflochtene Geißeln, verfolgten sie den Muttermörder auf Schritt und Tritt und sandten ihm die nagenden Gewissensbisse und die quälende

Reue ins Herz." (nach Gustav Schwab: Die schönsten Sagen des klassischen Altertums)

Orest hat Pech. All das Unheil, das die Generationen vor ihm, das seine Eltern und seine Geschwister nicht zu lösen vermocht haben, alles, womit sich niemand auseinander setzen wollte, alles, was verdrängt und unbewältigt geblieben ist – all das bleibt an ihm hängen. Bereits als zwölfjähriger Knabe wird er zum Retter hochstilisiert. Der tote Vater erwartet, dass Orest seine Heldenehre wiederherstellt. Elektra lässt ihn schwören, dass er die Mutter töten wird. Iphigenie wartet auf Tauris darauf, dass er sie befreit. Klytämnestra sieht bereits in dem kleinen Sohn den gefährlichen Mann, den man beizeiten klein halten muss. Gott Apollo höchstpersönlich befiehlt ihm, dem Willen der Götter zu folgen und die Blutrache zu vollziehen. Das Schicksal des kleinen Orest ist also von vornherein durch die Wünsche seiner Umwelt festgelegt. Von der Vielzahl der Erwartungen, die er erfüllen soll, erdrückt, hat Orest scheinbar gar keine andere Wahl, als die ihm zugedachte Rolle zu spielen: Der Rächer des Vaters tritt in dessen Fußstapfen als tragischer Held eines unausweichlichen, von den Göttern bestimmten Schicksals. Der Sohn übernimmt das Rollenbild des Vaters mit all den Nachteilen, die darin seit Generationen überliefert worden sind. Der Vater ein Krieger – der Sohn ein Krieger; der Vater ein Mörder – der Sohn ein Mörder. Wenn ein Sohn so eingeengt und in seiner Identitätsentwicklung festgelegt wird, kann der Apfel nicht weit vom Stamm fallen, dann können die Rollenbilder nicht korrigiert, nicht weiterentwickelt werden; dann wird das Männerbild extrem und überzeichnet: Macho, Brutalo, harter Germane, Konquistador, Ninja-Krieger, Terminator, Rambo – unsere Videofilme sind voll von solchen Männer-Karikaturen. Das ist der eigentliche Fluch der Tantaliden: Sie können das ausgefahrene Gleis der männlichen Aggressivität nicht verlassen, sie funktionieren, wie sie funktionieren sollen – als harte Männer, mit allen negativen Folgen.

Aber nun nimmt die Geschichte eine überraschende Wendung, bei Orestes kommt etwas Neues ins Spiel. Die Zuspitzung und Überzeichnung des Dramas ist mehr, als ein Mensch verkraften kann. Das Pelops-Drama hat sich bei Orest gleichsam verdoppelt: Hat Pelops durch die Wahnsinnstat des Tantalus den Vater verloren, so verliert Orest Vater und Mutter und ist dabei zugleich Opfer und Täter, also völlig in sein eigenes Unglück verstrickt. Bei Orest findet das Gewaltdrama der Tantaliden seinen Höhepunkt – und damit auch sein Ende. Denn das Bild des harten Mannes bricht nun in sich zusammen: Orest wird wahnsinnig, das heißt, er wird von seinen Gefühlen überschwemmt. Er spürt die Trauer des Vaterverlustes, den Schmerz des Mutterverlustes, er spürt auch Schuld und

Gewalt der Taten aller Generationen vor ihm. Die Schutzmauer der Verdrängung, die Pelops um seine Seele gezogen hat, um die Tat des Tantalus zu überleben, bricht in sich zusammen. Was Pelops, Atreus und Agamemnon nicht hören und sehen wollten – Orest muss es nun fühlen. Die getöteten Opfer, auf die die Helden so gerne vergessen, verfolgen Orest in seinen bösen Träumen. Die Dämonen der Nacht, die Erinnyen, tauchen als Schreckgespenster aus dem Unbewussten auf. Die vom Patriarchat unterdrückten Frauen werden zu Rachegöttinnen und fordern Sühne für den Tod der Mutter. Und als liebesbedürftiger Sohn, der Vater und Mutter brauchte, gibt Orest ihnen Recht. Aus der Sehnsucht des Kindes nach liebenden Eltern heraus spürt Orest das Unrecht, den Wahnsinn, das Destruktive des Tantalusmusters. Er erleidet die Tantalusqualen seiner Vorfahren – er kann nicht mehr wegschauen, nicht mehr weghören, kann seine Gefühle nicht mehr verleugnen.

Wir würden heute sagen, Orest entwickelt eine Nervenkrankheit: Er erleidet einen psychischen Zusammenbruch, entwickelt eine Psychose, hört Stimmen und sieht böse Geister, die ihn verfolgen; oder auch, er leidet an einer Depression. Heute würde Orest wohl bei einem Psychiater oder Psychologen landen, der versuchen würde, den Sinn in seinem Wahnsinn zu ergründen: Die Zuspitzung des Dramas und der Zusammenbruch sind zugleich erste Schritte zur Lösung der Tantalusgeschichte. Die Tatsache, dass die Rüstung des harten Mannes zerbricht und die verdrängten Gefühle hervorbrechen, kann als ein Versuch der Seele gedeutet werden, wieder ganz und heil zu werden, Tat und Gefühl, männliche und weibliche Welt zusammenzuführen. Zusammenbruch und Krankheit sind die eigentliche Leistung des Orest. Das Erstaunliche ist, dass die Generationen vor ihm unter der Fülle an Leid nicht zusammengebrochen sind und dass ein grausames, unmenschliches System sich über so viele Generationen hinweg zu halten vermocht hat.

Leiden und das Leid zu spüren sind ein Heilungsversuch: Wenn das Gefühl ausgeschaltet wird, muss das Schicksal immer größeres Leid anhäufen, um die Destruktivität eines falschen Musters deutlich werden zu lassen. Wenn mehrere Generationen den gleichen Fehler in immer neuen Variationen wiederholen, häufen sich die schlechten Gefühle – bis schließlich einer gezwungen ist, sich mit diesen Gefühlen auseinander zu setzen. Nicht selten bedarf es dazu einer seelischen Erkrankung, ja seelische Erkrankungen bieten meist erst die Chance, ein negatives Familienmuster zu beenden und für alle Familienmitglieder eine gesündere Entwicklung einzuleiten. Darum ist Orest der Retter der Tantaliden und der Held der Geschichte – nicht wegen seiner Stärke als Rächender, sondern wegen seiner scheinbaren Schwäche als leidvoll Fühlender.

XII. Die Rettung

In seiner Not wendet sich Orest an Apollo und flüchtet in dessen Heiligtum nach Delphi. Apollo schickt ihn zur Göttin Athene auf den Areopag zu Athen. Dort sitzen die Athener Bürger über Orest zu Gericht. Die Abstimmung ergibt gleich viele Stimmen für und gegen ihn, sodass die Entscheidung schließlich der Göttin Athene zufällt. Diese spricht Orest vom Vorwurf des Mordes frei – mit der Begründung, er habe mit seiner Tat nicht die Mutter, sondern die Mörderin seines Vaters getroffen. Daraufhin schickt Apollo den Orest nach Tauris mit dem Auftrag, das Bildnis der Göttin Artemis aus deren Heiligtum zu holen und nach Athen in einen neuen Artemistempel zu bringen. Wenn ihm das gelänge, solle er von seinem Leid erlöst werden.

Orest sucht sich also Fürsprecher. Wir können auch sagen, nun, da seine Eltern tot sind, sucht er sich bessere Vorbilder, sucht sich Ersatzeltern. Apollo wird sein Berater, sein Beichtvater, heute würden wir sagen: sein Psychotherapeut. Apollo rät ihm, sich mit den weiblichen Gottheiten gut zu stellen – schließlich hat er mit dem Muttermord einen Frevel an der Weiblichkeit begangen; wie ja auch die Taten seines Vaters, der Tochtermord und die Kränkung der Klytämnestra, ein Verrat an den weiblich-mütterlichen Mächten gewesen sind; und wenn wir genau hinschauen, beginnt das ganze Unheil damit, denn auch die Tötung des Pelops hat einer Mutter ihr Kind genommen.

Die Verblendung des Tantalus war so groß, dass er die weibliche Perspektive in keiner Weise wahrnehmen konnte: Die Mutter des Pelops wird in der Tantalussage nicht einmal erwähnt. Darin spiegelt sich symbolisch die Machtübernahme des Patriarchats über das Matriarchat, die historisch gesehen zirka 1500 vor Christus mit der Eroberung Griechenlands durch die Mykener begonnen hat. Die Mykener, deren Anführer eben die Könige von Mykene, also die sagenhaften Tantaliden gewesen sind, haben das Gebiet der minoischen Kultur auf Kreta erobert, das matriarchalisch gewesen ist und von Königinnen regiert worden war. Die Frauen der Minoer wurden geraubt, unterdrückt und entrechtet – das spiegelt sich in den Klagen und in der Wut der Klytämnestra wider. Klytämnestra ist zwar machtlos, sie darf sich in der Geschichte aber zumindest zu Wort melden. In der Eroberergeneration, jener des Tantalus, tauchen die Frauen überhaupt nicht als Personen auf, sie sind praktisch Gegenstände oder Unpersonen, deren Standpunkt völlig ignoriert wird. Diese Entmachtung der Frauen gipfelte schließlich darin, dass ihnen die Macht über das Leben genommen wird. War das Gebären das Kernstück der weiblichen Kraft, so mussten die patriarchalischen Männer dem etwas Gleichwertiges entgegenstellen. Männer können kein Leben in die Welt setzen – ihre Macht besteht darin, das Leben zu zerstören: Die Tötung des Sohnes durch den Vater ist somit auch eine Machtdemonstration der Männer über das besiegte Matriarchat. Das ist der eigentliche Frevel, den Orest nun zu sühnen hat: die Unterdrückung des Weiblichen und die Ignoranz gegenüber der weiblichen Kraft, deren Machtbereich die Geburt und der Schutz des Lebens sind. Orest muss das Weibliche besänftigen, sich mit ihm auseinander setzen und ihm jenen Platz in der Gesellschaft zurückgeben, der den Frauen zusteht. Deshalb soll er das weibliche Heiligtum aus der Wildnis von Tauris nach Griechenland zurückholen. Das Matriarchat war aus Griechenland zu den wilden Völkern verbannt worden, und Artemis musste im Exil ausharren: Die kämpferische Weiblichkeit dieser Göttin hatte im patriarchalischen Griechenland keinen Platz. Die weibliche Kraft wurde ins Negative gedrängt, ins Schattenreich der Nacht und nahm die dämonische Form der Erinnyen an. Auch heute fürchten sich viele Männer vor den „Klageweibern", vor der frustrierten, „hysterischen" Seite der unterdrückten Frau, die partnerschaftlich nicht zu ihrem Recht kommt. In unseren heutigen Scheidungskriegen können enttäuschte Frauen durchaus diese dämonische Seite zeigen, die den Mann angst und bang werden lässt. Männer, die sich von ihren Müttern unterdrückt gefühlt haben und deshalb die Frauen entwerten mussten, sind plötzlich wie Orest mit dem Schattenbild der Furie konfrontiert und fühlen sich dann in ihren Ängsten bestätigt. Hinter diesen Ängsten steht aber das historische Unrecht der Unterdrückung des Matriarchats in den letzten 3500 Jahren. Alle die frauenfeindlichen und abwertenden Äußerungen von Männern spiegeln so auch das schlechte Gewissen, das die Männer seit 150 Generationen haben. Unterdrückung ist kein sicherer Ehehafen, und der Patriarch muss immer fürchten, dass eines Tages die Furie erwacht.

All dieses Unrecht muss Orest also auflösen. Deshalb macht er einen Kniefall vor allen Symbolen der Weiblichkeit, deshalb muss er die Erinnyen besänftigen, muss sich dem Urteil der Göttin Athene ausliefern und das Standbild der Artemis zurück nach Griechenland bringen. So zollt er dem Weiblichen den ihm gebührenden Tribut – und es zeigt sich versöhnlich: Die Göttin der Weisheit entschuldigt Orests Verhalten – er hat gar nicht die Mutter getötet, sondern nur die Mörderin des Vaters. Das Liebesband zwischen Mutter und Sohn ist nicht verletzt worden, ja, es kann gar nicht zerstört werden. So wie eine Mutter ihr Kind immer liebt, was auch immer geschieht, so liebt ein Sohn seine Mutter, wie immer auch die Konflikte zwischen beiden geartet sein mögen. Damit ist die Macht der Mutterschaft anerkannt und rehabilitiert. Auch die Rachegöttinnen werden schließlich sanft – und erhalten ihren Platz in der Gesellschaft der Griechen zurück, indem ihnen in Athen ein Heiligtum errichtet wird. Nur Artemis, die kämpferische Weiblichkeit, lässt Orest nicht so leicht davonkommen und verlangt ihm eine Prüfung ab, die ihn an seine Grenzen bringt und damit das Tantalusmuster endgültig zerstört. Dies führt uns zum spannenden Ende der Geschichte:

Als Orest gemeinsam mit seinem Freund Pylades auf Apollos Geheiß in Tauris landet, wird er von den Tauriskern gefangen genommen und, wie alle Griechen vor ihm, in den Artemistempel zur Opferung gebracht. Iphigenie, die Priesterin der Artemis, lässt die Gefangenen zu sich bringen, um sie für das Opfer vorzubereiten. Dabei wird sie von der Sehnsucht nach ihrer Heimat erfasst, denn ihr hatte geträumt, dass ihr Bruder Orest eines gewaltsamen Todes sterben würde. Sie wählt daher einen der Gefangenen aus, der am Leben bleiben darf, wenn er einen Brief nach Mykene bringt. Orest, der in seinen Schuldgefühlen und in seinem Wahnsinn den Tod als gerechte Strafe der Götter ansieht, bittet Pylades, den Brief zu überbringen und ihn, Orest, auf Tauris sterben zu lassen. Während die beiden Freunde noch streiten, wer von ihnen überleben soll, liest Iphigenie den Brief vor: „Melde dem Orestes, dem Sohne des Agamemnon: Iphigenie, die in Aulis vom Opferherd entrückt wurde, lebt und bestellt an dich: Lieber Bruder Orestes, hole mich aus der fernen Barbarei nach Argos, ehe ich sterbe. Erlöse mich vom Opferherd, an dem ich im Dienste der Göttin die Fremdlinge morden muss. Tust du es nicht, so seist du und dein Haus verflucht."

Pylades nimmt den Brief und gibt ihn weiter: „Da nimm, Orestes, ich händige dir das Schreiben aus, das deine Schwester Iphigenie dir übersendet." Da gehen den beiden Geschwistern die Augen auf und sie erkennen einander. Nachdem Orest seiner Schwester das Schicksal der Eltern berichtet hat, ersinnt Iphigenie eine List, wie sie alle aus Tauris entkommen und das Standbild der Göttin Artemis mit sich führen können: Sie erzählt dem Fürsten der Taurisker, dass die Fremden Muttermörder und damit als Opfer für die Göttin unwürdig seien; das Standbild der Göttin sei durch die Anwesenheit dieser Fremden unrein geworden und müsse in den Fluten des Meeres gereinigt werden; und alle Taurisker müssten sich während dieser Reinigungszeremonie in ihren Häusern verstecken, um nicht den Zorn der Göttin auf sich zu ziehen. Durch diese List gelingt es den Geschwistern zu entkommen. Das Standbild der Artemis gelangt nach Griechenland, der Fluch des Tantalus ist gebrochen, und die Geschwister leben in Ruhe und Frieden ein langes Leben: Iphigenie als Priesterin der Artemis in Athen (wo sie keine Männer mehr opfert); und Orest als mächtiger Regent über den ganzen Peloponnes.

Ende gut, alles gut. Der Tantalusmythos zeigt uns, dass auch die schrecklichste Geschichte zu einem positiven Ende gebracht werden kann. Eine Welt aus Hass und Gewalt kann überwunden werden, wenn Menschen guten Willens sind und die Konflikte in ihrer Seele lösen wollen. Schauen wir nun, was die Voraussetzungen für diese Lösung sind:

1. Die Verdrängung funktioniert nicht mehr

Indem Orest seine Gefühle zulässt und nicht mehr verdrängt, entdeckt er die Schattenseiten im Familienmuster der Tantaliden. Er erspürt das Familiengeheimnis – dass nämlich Ruhm und Macht durch Leid und Gewalt erkauft sind. Er spürt am eigenen Leib, dass diese Schattenseiten unerträglich sind, weil sie einen wahnsinnig machen. Indem er durch den Wahnsinn geht, gelangt er zu einer neuen Überzeugung: Der Weg der Gewalt kann durch nichts gerechtfertigt werden, Männer dürfen ihre Frauen nicht unterdrücken, Eltern ihre Kinder nicht opfern. So gelingt es ihm, sich vom negativen Vorbild seiner Väter zu lösen und ein neues Männerbild zu entwickeln.

Die Verdrängung funktioniert nicht mehr. Der Täter lässt seine Gefühle, auch seine Schuldgefühle zu. Er spürt auch die leidvolle, negative Seite seiner Handlungen. Er gesteht sich seine Fehler ein.

2. Der Täter setzt sich mit seinen Konflikten auseinander

Orest stellt sich den Konflikten und läuft nicht davon. Er setzt sich mit der unterdrückten Welt des Weiblichen auseinander. Er hält die Wut der Frauen aus. Er steht zu seinen Fehlern und bittet um Verzeihung. Er zollt der Welt der Frauen Respekt und würdigt ihre Bedeutung. Er erkennt die weibliche, gefühlsbetonte Seite in sich selbst. Damit stehen sich Männer und Frauen endlich auf gleicher Ebene gegenüber. Das führt zum Ende der Aggression. Und indem die Aggressionen durchlebt und die Konflikte konstruktiv ausgetragen werden (mit Hilfe von Klugheit und Weisheit, die durch Athene verkörpert sind), kommt es zur Katharsis – und es braucht keine Rache und keine Gewaltexzesse mehr.

Der Täter setzt sich mit seinen inneren und äußeren Konflikten auseinander. Er bittet die Opfer um Verzeihung. Die Ansichten beider Seiten werden respektiert. Wut und Aggression, Schmerz und Schuldgefühle werden ausgesprochen und auf den Tisch gelegt. In dieser Auseinandersetzung wird klar, dass alle Beteiligten in dem Drama ihren Platz und ihre Berechtigung haben. Das führt zu gegenseitiger Wertschätzung und hebt die alte Abwertung der Gegenpartei auf.

3. Täter und Opfer sind bereit, das Urtrauma wiederaufleben zu lassen

Orest ist bereit, sich auf den Kern des Problems einzulassen und die Todesangst des Pelops zu erleben. Er versetzt sich in die Lage des Opfers. Er sucht den Ort auf, wo griechische Männer vom Tod bedroht werden. Er ist bereit zu sterben und sich von einer Frau töten zu lassen, um das Unrecht zu sühnen, das er seiner Mutter angetan hat.

Das Opfer wieder versetzt sich in die Situation des Täters und erlebt die Gefühle von Rache und Wut, die einen Menschen zum Mörder machen können. Orest und Iphigenie führen einen Rollentausch durch, eine psychologisch sehr wirksame Methode: Orest lässt sich stellvertretend für seinen Vater töten, Iphigenie wiederholt symbolisch die Tat ihrer Mutter. Orest durchlebt die Todesangst des Pelops, den Hass des Atreus, den Zwiespalt des Agamemnon, die Wut des überforderten Sohnes auf die Mutter und die Reue über eben diesen Mutterhass. Iphigenie erlebt die Wut der unterdrückten Frauen, den Hass der Klytämnestra, die Hilflosigkeit der missbrauchten Tochter, das Leid der Frau im Exil und schließlich die Macht des Weiblichen und den Racheimpuls. Beide überblicken damit das gesamte Drama. Damit können sie auch seelisch ganz werden und sich neu entscheiden. Dieses Durchleben aller Gefühle – der gewünschten und idealisierten ebenso wie der unerwünschten im Schattenbereich der Seele – ist vergleichbar dem Prozess, den Menschen heute in einer Psychotherapie erleben.

Täter und Opfer sind bereit, das Urtrauma wiederaufleben zu lassen. Die Beteiligten des Dramas lassen sich noch einmal ganz bewusst auf das Ursprungstrauma ein, durchleben Schmerz und Angst bis an die Grenze des Erträglichen und versuchen, diese Gefühle zuzulassen und auszuhalten und sich nicht in Rationalisierung und Scheingefühle zu flüchten.

4. Täter und Opfer „erkennen" einander

Solange Orest in Klytämnestra die Mörderin des Vaters und nicht die Mutter sieht, kann er Rache üben. Solange Iphigenie einen namenlosen Griechen vor sich hat, kann sie ihn in den Tod schicken. Solange die Tantaliden das Bild von Gewalt und Rache vor sich haben, bleiben sie an diesem Muster und den darin festgelegten Rollen haften. Sobald aber Iphigenie ihren Bruder erkennt, steigt sie aus dem Muster von Opfer und Täter aus und spürt nur mehr die Zuneigung zu ihrem Bruder. Den geliebten Bruder, auf den sie gehofft und gewartet hat, kann sie nicht töten. Hätte Orest seine geliebte Mutter „erkannt", wäre er nicht zum Mörder geworden. Hätte Tantalus seinen Sohn wahrgenommen, hätte das ganze Unheil nie begonnen. Hätte Agamemnon die Angst seiner Frau und seiner Tochter ernst genommen, wäre vielleicht Troja nie erobert worden, er aber hätte ein glücklicher Vater werden können. Das Wahrnehmen und Beachten der Gefühle des anderen setzt die Gewaltspirale außer Kraft.

In den Psychotherapien geschieht oft Ähnliches. Täter und Opfer „erkennen" einander, d. h. sie entdecken, dass hinter der Rolle, die jeder im Drama spielt, ein Mensch mit seiner unverwechselbaren Persönlichkeit steckt. Die Rollen und Handlungen werden von den Menschen losgelöst und damit löst sich der Konflikt. Auch wenn die Handlung eines Menschen und sein Rollenverhalten verwerflich sind – der Mensch dahinter ist in jedem Falle wertvoll und liebenswert. Wenn die Menschen sich nicht mehr mit einem Handlungsmuster identifizieren, können sie sich davon befreien und dieses Muster auflösen.

5. Die Beteiligten beginnen gemeinsam ein neues Drama

Mit der Auflösung des Fluches der Tantaliden kann etwas Neues beginnen. Die Geschwister setzen ein neues positives Ritual in Kraft. Sie geben dem Weiblichen seinen Platz in der Gesellschaft zurück, indem sie das Standbild der Artemis nach Athen bringen. Nun, da die Geschwister sich gegenseitig unterstützen und einander Respekt erweisen, da das Weibliche gleichberechtigt neben dem Männlichen stehen kann, darf auch die männliche Stärke wieder ihren Platz einnehmen. Das Ende der Tantalussage ist eine Parabel auf die neue selbstbewusste Weiblichkeit, auf die neue, für Gefühle offene Männlichkeit und auf den respektvoll wertschätzenden Umgang zwischen Mann und Frau. Durch den Prozess der Selbsterfahrung lernen Mann und Frau in ihrer Seele die weiblich fühlende und die männlich tätige Hälfte akzeptieren und schätzen – und können aufhören, sich zu bekämpfen.

Die Beteiligten beginnen gemeinsam ein neues Drama: Diese Selbsterfahrung kann heute im geschützten Rahmen einer Psychotherapie stattfinden – oder im Durchleben eines dramatischen Schicksals, wie es uns von den Griechen überliefert worden ist. Das Bedürfnis nach Selbstentfaltung und Integration aber ist über alle Generationen hinweg gleich geblieben. In jedem Fall zeigt uns die Tantalussage, dass es möglich ist, sich aus einem destruktiven Muster zu lösen und ein neues konstruktives Muster anzunehmen – auch wenn das Trauma noch so groß und die Ausgangsbasis noch so schwierig ist.

DIE REALITÄT
Gewalttrauma und Zeitgeschichte

XIII. Gewalterfahrungen als Familienproblem

Ich möchte Ihnen im Folgenden zeigen, dass in der alten Tantalussage viel mehr steckt, als man auf den ersten Blick erkennen kann. Mythen sind Schätze aus dem kollektiven Unbewussten der Menschheit. Sie wurden mündlich von einer Generation an die nächste weitergegeben und haben sich in vielen Generationen von Erzählern entwickelt; und deshalb ist auch das bewusste und unbewusste Wissen tausender Menschen darin gespeichert. Irgendwann im Laufe ihrer Erzählgeschichte nehmen Mythen eine allgemeingültige, zeitlose Form an, die zumindest in dem Kulturkreis, in dem der Mythos weitererzählt wird, seine Wirkung behält. Kultur und Ideale der antiken Griechen haben unsere westliche Kultur zutiefst beeinflusst, und die griechischen Götter und Helden geis-tern durch unsere Literaturgeschichte. Die moderne Tiefenpsychologie ist durch Freuds Theorie vom Ödipuskomplex bekannt geworden. Viele andere Geschichten – wie die von Prometheus, Herakles, Odysseus oder Kassandra – sind als Symbole für moderne Vorgänge herangezogen worden. Lediglich um den Tantalusmythos hat man einen großen Bogen gemacht – handelt es sich doch hier um die schrecklichste und die unverständlichste Geschichte: ein Vater, der seinen Sohn zerstückelt und zum Mahl vorsetzt! Wie wir jedoch im ersten Teil dieses Buches gesehen haben, scheint gerade die Geschichte der Tantaliden symbolisch auf die dunklen und schwierigen Seiten unserer modernen Gesellschaft übertragbar zu sein. Die Tradierung der Gewalt durch geschichtliche Ereignisse und familiäre Vorbilder ist nach wie vor das schwelende Problem unserer mittlerweile globalen Kultur – jenes Problem, an dem sich entscheiden wird, ob wir weiterleben oder zugrunde gehen werden. Wir haben eines der gewalttätigsten Jahrhunderte hinter uns. Erster Weltkrieg, Bürgerkriege, Faschismus, Zweiter Weltkrieg, Diktaturen: Von 1914 bis 1945, in Osteuropa bis 1989, haben europäische Familien alle Gewalttraumata erlebt, die man sich nur vorstellen kann. Ist es nicht vermessen zu glauben, dass all dies keine Spuren in unseren Seelen hinterlassen hat?

„Was uns nicht umbringt, macht uns noch härter." – „Die gesunde Watsche hat mir auch nicht geschadet." – „Beim Militär wird ein Mann erst ein richtiger Mann." – u. s. w., u. s. w. Viele solcher und ähnlicher Sätze – sie stammen allesamt aus dem Wortschatz des Militarismus und des Faschismus – sind in der Kindheit meiner Generation Erziehungsformeln gewesen. Auch wenn wir den Krieg nicht selbst erlebt haben – im Verhalten und in den Einstellungen unserer Eltern haben wir seine Auswirkungen gespürt.

Denn das ist die zentrale Aussage des Tantalusmythos: Die Kinder und Kindeskinder büßen für den Frevel ihrer Eltern, Großeltern und Urgroßeltern und werden in deren Unheil verstrickt, ohne zu wissen, worum es eigentlich geht. Fassen wir also die psychologischen Einsichten dieser Geschichte für die Gegenwart zusammen.

1. Gewalt führt zur Spirale seelischer Verletzungen

Gewalterfahrung führt zu seelischen Problemen. Das Unbewusste zeichnet diese Erfahrungen sehr genau auf und vergisst nichts. Der seelische Schmerz kann aber sehr verschiedene Formen annehmen und wird daher nicht immer mit der Gewalterfahrung in Verbindung gebracht. Wenn wir ihn nicht spüren wollen, muss er oft in sehr entlegenen Bereichen unseres Selbst zwischengelagert werden.

So äußert sich dieser seelische Schmerz sehr oft in psychosomatischen Krankheiten, die scheinbar ohne Grund auftreten. Die vielen Todesfälle durch Herzinfarkt haben in der Nachkriegszeit genau jene Überlebenden getroffen, die auf den Schlachtfeldern des Zweiten Weltkriegs ihren Mann gestellt hatten. Ihr Herz ist körperlich gebrochen, nachdem ihnen die schrecklichen Erlebnisse schon vorher seelisch das Herz gebrochen hatten.

Dieser seelische Schmerz kann unsere geistige Energie zerstören und äußert sich dann in Gefühlen von Sinnlosigkeit, Leere, Schuldgefühl oder auch Sarkasmus. Das Herumhacken auf den Jugendlichen etwa oder das Heruntermachen der Lebensträume anderer ist im Mitteleuropa der Nachkriegszeit weit verbreitet gewesen, und mit solchen negativen Einstellungen haben viele sich selbst und ihre Umgebung gequält.

Dieser seelische Schmerz kann unsere Beziehungen zerstören und führt dann zu Gehässigkeit und Gewalt in den Ehen und in der Kindererziehung oder zum Mobbing am Arbeitsplatz – alles Probleme, die sich heute epidemisch ausbreiten.

Dieser seelische Schmerz kann unser ganzes Gefühlsleben zerstören und führt dann zu Selbsthass, zu Minderwertigkeitsgefühlen, Depression und anderen seelischen Krankheiten.

Und – es sei wiederholt: Dieser seelische Schmerz mit all seinen psychosomatischen und geistigen Symptomen kann durch Gewalttraumata ausgelöst sein.

2. Gewalt an Kindern ist besonders traumatisierend

Kinder sind von Gewalt am stärksten betroffen, sie können sich am wenigsten dagegen wehren. Und je kleiner das Kind ist, desto massiver wirkt sich die Gewalt in seinem Erleben aus. Durch die Bindungsforschung seit Alexander Bowlby wissen wir, dass das Menschenkind ein angeborenes Bedürfnis nach einer sicheren und stabilen Bindung zu einer fixen Bezugsperson hat. Dieses Bedürfnis wird zunächst von der Mutter erfüllt, die das Kind austrägt und trägt, und erweitert sich dann auf Vater, Großeltern, Ersatzbezugspersonen und Verwandte. Der Mensch unterscheidet sich von anderen Säugetieren durch die extrem lange Zeit dieser Bedürftigkeit, die heute bei zirka zwanzig Jahren anzusetzen ist. In dieser Zeit der Abhängigkeit ist das Kind einerseits sehr lernfähig, andererseits aber auch sehr verletzbar. Ein Vogel, der aus dem Nest fällt, stirbt in kurzer Zeit. Ein Kind, das aus dem Nest der Geborgenheit fällt, überlebt meist, entwickelt aber eine Vielzahl seelischer Probleme. Die Traumaforschung hat nachgewiesen, dass das Zerbrechen des Bindungsverhaltens zwischen Mutter und Kind zur seelischen Erkrankung des Kindes führt. Besonders traumatisierend wirkt sich die Trennung von Mutter und Kind bzw. der frühe Tod der Mutter aus. Eine Mutter, deren Bindungsverhalten gestört ist, hat in der Regel als Kind selbst solche Trennungs- und Verlusterlebnisse gehabt und ist dadurch traumatisiert worden. Der Zusammenhang von gestörter Bindung in der frühen Kindheit und seelischer Erkrankung ist heute hinreichend erforscht und gilt als wissenschaftlich abgesichert. Trennungs- und Verlusterfahrungen in der frühen Kindheit werden zu einem großen Teil durch gewaltsame Ereignisse ausgelöst, sei es in Form von körperlicher oder in Form von seelischer Gewalt.

3. Opfer können ein Gewalttrauma oft nur durch Verdrängung überleben

Wer von einem Gewaltereignis direkt betroffen ist, kann oft nur durch Verdrängung überleben. Dieser Abwehrmechanismus ist zunächst notwendig, weil man sonst der Gefahrensituation überhaupt nicht gewachsen wäre. Ein Soldat, der vor Angst durchdreht, kommt im Kugelhagel um – wie das ja auch das Schicksal der meisten Soldaten der Deutschen Wehrmacht gewesen ist: Von vielen Einheiten haben nur wenige überlebt. Und wenn es auch vielleicht ein Ergebnis des Zufalls ist, wer dabei überlebt hat – sehr wahrscheinlich ist, dass darunter viele Menschen mit guten Abwehrmechanismen gewesen sind. Menschen, die ihre Angst verdrängen und einen kühlen Kopf bewahren können, haben im Geschützfeuer eine bessere Überlebenschance. Ähnlich ergeht es Säuglingen, die in schlechte oder fehlende Bindungssituationen hineingeboren werden: Viele von ihnen sind einfach gestorben, jedenfalls bis vor kurzer Zeit, als die Säuglingssterblichkeit noch sehr hoch war. Die Menschen, die schlechte Startbedingungen bei der Geburt überlebt haben, konnten und mussten daher ihre seelischen Ängste verdrängen.

4. Das physische Überleben führt keineswegs automatisch zu einer Lösung

Mit der Fähigkeit, durch Abwehrmechanismen eine Gefahr zu überleben, ist das Problem aber nicht aus der Welt geschafft. Die Angst vor der Gefahr ist im Unbewussten gespeichert und prägt das Verhalten in eine ganz bestimmte Richtung. Überlebende neigen dazu, sich eine Art Panzer zuzulegen, der sie vor neuen Gefahren schützen soll – mit dem Ergebnis, dass Wahrnehmung und Welterleben im Weiteren von der Gewalt geprägt werden. Und durch solch selektive Wahrnehmung finden wir oft genau das, was wir suchen. So trägt die Prägung durch Gewalt zum Kreislauf der Gewalt bei.

5. Die Gewalterfahrung wird zu einer Erlebnismatrix und prägt künftige Erfahrungen

Die Gewalterfahrung wird zu einem festen Erlebnismuster, das künftige Erfahrungen filtert und prägt. Geschlagene Kinder ziehen ein Leben lang den Kopf ein, weil sie sich instinktiv vor weiteren Schlägen fürchten. Abgewertete Kinder fürchten sich ein Leben lang vor neuer Abwertung. Geschlagene Frauen geraten immer wieder an brutale Männer. Von den vielen Möglichkeiten, die die Zukunft bietet, erwarten wir meist jene, die wir schon kennen. Insofern ist es interessant, dass Zukunftsdeutungen meist Fantasien von Krieg, Katastrophen und Weltuntergang ausmalen.

6. Eine unreflektierte Gewalt-Matrix generalisiert sich

Die Gewalt-Erlebnis-Matrix breitet sich auf viele Erlebnisbereiche aus. Sie führt in der Philosophie zur Ideologie des Rechtes des Stärkeren, in den Ehen zum Bild des Patriarchen oder des Pantoffelhelden, der vom Mann beherrschten Frau oder der Xanthippe. In der Erziehung wird daraus die schwarze Pädagogik, die durch Abhärtung erziehen will. In einer kriegerischen Welt mag es logisch sein, Kinder abzuhärten, indem man ihnen Schmerzen zufügt und ihr Selbstwertgefühl mit Füßen tritt, um sie so auf den „Ernstfall" vorzubereiten. Man darf sich aber dann nicht wundern, wenn die so Erzogenen ebenfalls zu Brutalitäten bereit sind. Dass unsere Scheidungsdramen manchmal zu regelrechten Kriegen werden, muss auch in diesem Zusammenhang gesehen werden.

7. Die Gewalt-Matrix wird durch Modelllernen an die Nachkommen weitergegeben

Kinder übernehmen die Erlebnismatrix der Erwachsenen besonders leicht; Daniel Stern hat das bereits bei Säuglingen nachgewiesen. Kinder entwickeln ihr Denken und Fühlen im Austausch mit den Vorbildern der Erwachsenen. Das tun sie, indem sie möglichst viele Verhaltensweisen der Vorbilder imitieren – darunter leider auch die negativen. Sie verhalten sich wie Computer-Kids, die die leeren Speicher ihres neuen Computers mit allen Programmen aufladen, die sie nur kriegen können. So übernehmen sie die Stärken ihrer Vorfahren, müssen sich aber auch mit ungelösten Programmfehlern herumschlagen. In einer von Gewalt geprägten Welt übernehmen die Kinder daher die Gewalterfahrungen der Vorfahren mit allen Aspekten und entwickeln auch Vorstellungen und Gefühle zu Ereignissen, die sie selbst nicht erlebt haben. Dadurch kann, wie wir in der Geschichte der Tantaliden gesehen haben, eine Gewaltmatrix über viele Generationen weitergegeben werden.

8. Verdrängte Gefühle werden unbewusst weitergegeben

Duch unsere Fehler und unsere verdrängten „blinden Flecken" geben wir an unsere Kinder weiter. Kinder lernen vor allem bildhaft und intuitiv, und sie spüren daher auch rasch die Fehler im System – Unehrlichkeit, Falschheit, Schwächen und Gefahren. Süchtige Eltern, die ihren Kindern Zigaretten, Alkohol und Drogen verbieten, haben damit meist keinen Erfolg. Durch Gewalt geprägte Eltern, die ihren Kindern aggressives, trotziges Verhalten mit Schlägen austreiben wollen, bringen diesen Gewalt erst bei, auch wenn ihnen das nicht bewusst ist. Ähnlich verhält es sich, wenn depressive Eltern, die ihre Verlusterlebnisse nicht verarbeitet haben, ihre Kinder auffordern, nicht so antriebslos herumzuhängen. Die Kinder übernehmen nicht die verbal angebotene Rationalisierung, sondern das tatsächlich Erlebte und Gefühlte. Die negativen Erfahrungen werden oft deshalb über Generationen weitergegeben, weil keine offene Auseinandersetzung mit diesen Familientabus möglich ist und Fehler daher nicht korrigiert werden können. Gewalterfahrungen, die verdrängt und tabuisiert werden, gleichen also Computerviren, die so viel Schaden anrichten, gerade weil sie nicht identifiziert und gefasst werden können.

9. Generationenkonflikte sind ein Hinweis auf Familientabus

Auseinandersetzungen zwischen den Generationen, vor allem auch so genannte Pubertätskonflikte, sind ein Zeichen dafür, dass die Verdrängung zu bröckeln beginnt und die faulen Altlasten langsam an die Oberfläche kommen. Bestes Beispiel dafür ist die 68er-Generation, die in der Kindheit unter den Folgen des Weltkrieges zu leiden hatte und dann im Jugendalter die Verdrängung der Nachkriegszeit mit lautem Protest zertrümmert und sich vehement gegen die Fortführung von Kriegen gestellt hat. Tatsächlich ist die weltweite Thematisierung der Menschenrechte ein positives Ergebnis dieses Protestes und bietet die Chance für die Entstehung einer neuen Erlebnismatrix.

10. Nachfolgende Generationen verändern das Gewaltthema

Das Veränderungspotenzial der neuen Generation führt meist auch zu Abwandlungen des Grundthemas. Jede Generation trifft neue Entscheidungen und sucht neue Lösungen zur Bewältigung der Gewalterfahrung. Oft ist das Gewalttrauma aber so groß, dass es eine Generation allein beim besten Willen nicht lösen kann. Dann ändern sich zwar, wie bei den Tantaliden, die Formen der Gewalt – der Grundkonflikt aber bleibt der gleiche. Eine häufige Reaktion ist beispielsweise, Gewalt im engeren Umfeld zu ächten, sie jedoch gegenüber äußeren Feinden weiter in Ordnung zu finden. Dann ist etwa Gewalt gegen Inländer verpönt, gegenüber Ausländern aber gerechtfertigt; dann wird Gewalt gegen Männer geahndet, gegen Frauen und Kinder hingegen nicht; dann gehen die Mitglieder der herrschenden Schicht sorgsam miteinander um, während sie die sozialen Randgruppen weiterhin unterdrücken; dann ächten die Europäer den Krieg, während man sich in den Ländern der Dritten Welt weiterhin niedermetzeln darf. Das wird dann auch zuweilen durchaus als Fortschritt erlebt – als weißer Bildungsbürger in einem europäischen Land fühle ich mich heute relativ sicher. Doch unsere pubertierenden Kinder spüren ganz genau, dass sich am Bedrohungspotenzial nicht viel geändert hat, und entwickeln manchmal seltsame Symptome, etwa so genannte Pubertätsdepressionen – Stimmungen, wie sie seit dem Einsturz des World Trade Centers in New York plötzlich für alle nachvollziehbar sind.

11. Die verschiedenen Gewaltformen nähren die Illusion, nicht betroffen zu sein

Wir geben uns gern der Illusion hin, dass die negativen Erfahrungen in unseren Familien uns heute nicht mehr betreffen – schließlich gehören sie ja der Vergangenheit an. Die Armut unserer Vorfahren berührt uns nicht mehr, denn wir sind ja heute wohlhabend – fatalerweise leiden wir dennoch ständig unter Existenzängsten. Die sexuelle Gewalt an Frauen ist Gott sei Dank Geschichte – wenn nur die Medien nicht soviel über sexuellen Missbrauch schreiben würden. Mord und Totschlag sind in unserer Gesellschaft geächtet – wenn nur unsere Kinder nicht ständig durch Videos zur Aggressivität verführt würden. Das Leid der Türkenkriege ist längst vergessen – wenn wir nur, Kruzitürken noch mal, mit den Türken in unseren Vorstädten nicht so viele Probleme hätten. General

Custer muss nicht mehr durch den wilden Westen reiten und Indianer massakrieren – dummerweise ist der Weltpolizist USA heute in der ganzen Welt gefordert und hat für Ruhe und Ordnung zu sorgen, und immer noch sind die Einheimischen dafür wenig dankbar.

12. Die Auseinandersetzung mit dem Trauma führt zurück zum Ursprung des Problems

Es hilft alles nichts, wir müssen uns mit den Ursachen unserer Leiden auseinander setzen und das Problem an der Wurzel packen: Wir müssen uns mit unseren Schattenseiten beschäftigen. Seelisches Leid kann nur bewältigt werden, wenn wir der Sache auf den Grund gehen. Das geschieht heute in Psychotherapien, in Selbsterfahrungsgruppen und in Persönlichkeitsseminaren. Dabei stellt sich Folgendes heraus: Die psychischen Probleme der heutigen Menschen gehen auf Grundmuster des Erlebens zurück, die sie in der Kindheit erlernt haben. Oft finden wir dann traumatische Erfahrungen von Gewalt, Tod, Trennung, Deprivation, Krankheit oder Ablehnung in der Kindheit des Betroffenen. Viele Beschwerden lösen sich mit dem Durcharbeiten der Kindheitsgeschichte auf. Meist klagen die Patienten dabei über die Schwächen und Fehler ihrer Eltern und haben das Gefühl, dass diese in bestimmten Bereichen nicht in der Lage gewesen sind, die Bedürfnissen ihrer Kinder zu erfüllen. Wir untersuchen dann den Werdegang der Eltern und analysieren deren Kindheit und Lebensgeschichte. Oft kommt es da noch dicker, und wir erkennen, dass die Kindheit der Eltern durch noch größere Defiziterlebnisse geprägt gewesen ist – und der Patient kann dann die Fehler der Eltern verstehen und sich vielleicht mit ihnen innerlich versöhnen. Durch die Analyse der Kindheit der Eltern landen wir bei den Großeltern und Urgroßeltern; und durch eine umfassende Familienrekonstruktion wird deutlich, was alles ein Familiensystem an größten Schwierigkeiten hat ertragen und erleiden müssen – wir gelangen dann zu den Schlüsselstellen, den so genannten Familiengeheimnissen. Familiengeheimnisse sind meist die schwierigsten und tabuisiertesten Erfahrungen, die jemals von Familienmitgliedern gemacht worden sind. Sie liegen oft Generationen zurück, haben aber wegen ihrer Destruktivität die Erlebnismatrix der nächsten Generationen geprägt. Das Urtrauma der Familie hat meist mit Gewalt, Vertreibung, Tod, Missbrauch, Unterdrückung und Zerstörung zu tun, das Familiengeheimnis ist also im engeren oder weiteren Sinne eine Gewalterfahrung oder ein Erfahrung, die seelisch als gewaltähnlich erlebt wird.

DIE REALITÄT

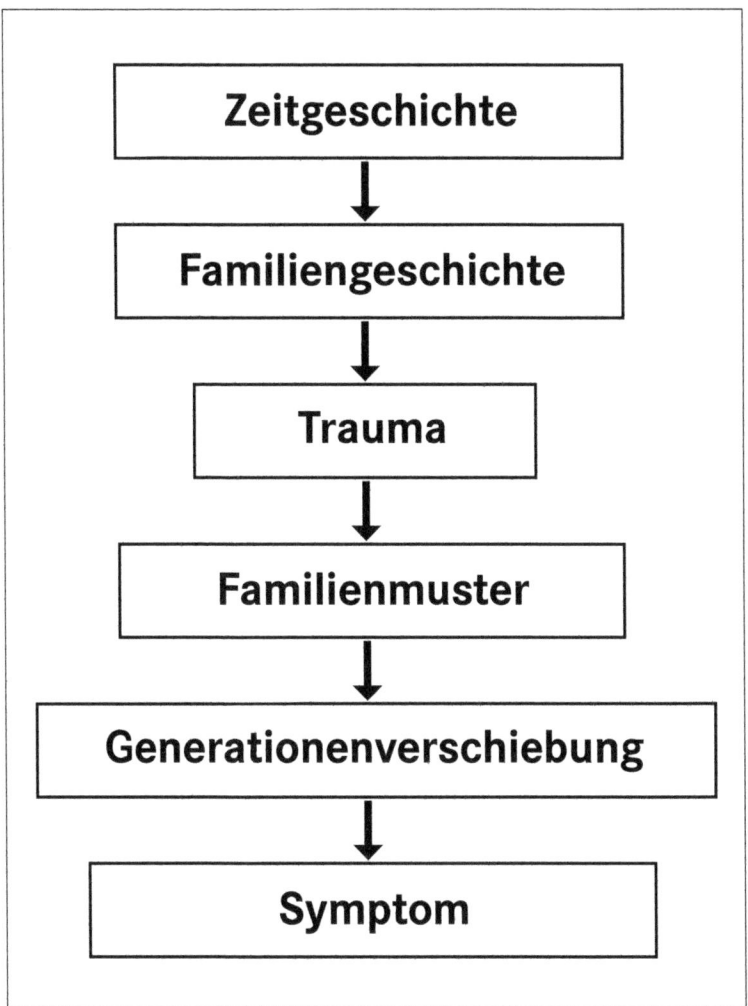

13. Der Ursprung des Problems legt in einem historisch fassbaren Gewaltereignis

Das Familiengeheimnis, das die Gewaltmatrix begründet und prägt, ist in der Mehrzahl der Fälle ein historisch fassbares Ereignis. Damit ist die Familiengeschichte mit der Sozialgeschichte verzahnt. Die Erlebnisstrukturen werden durch geschichtliche Ereignisse geprägt, und diese geschichtlichen Gewaltereignisse führen zu seelischen Schäden in den nachfolgenden Generationen, auch wenn sie von diesen durch die Gnade der späten Geburt nicht selbst erlebt worden sind. Und in jeder nachfolgenden Generation führen neue historische Erfahrungen dazu, dass die Erlebnismatrix verstärkt (selten korrigiert) wird. Geschichte und Familiengeschichte sind untrennbar miteinander verknüpft, wie das auch in allen großen Familienromanen seit Thomas Mann beschrieben wird. So ist etwa das Deutschland der Nachkriegszeit durch eine vaterlose Generation geprägt gewesen – die Väter sind großteils auf den Schlachtfeldern erschossen worden. Die 50 Millionen Toten des Zweiten Weltkrieges haben also direkt zu einem Abreißen jener Vater-Sohn-Bindung geführt, die für das Selbstbewusstsein des Mannes so entscheidend ist. Dieses Faktum hat aber auch – das lehrt uns die Tantalussage – zum Abreißen der Vater-Tochter-Bindung geführt, wie sie das Partnerverhalten der Frau entscheidend prägt. Eine Generation später haben wir dann eine verunsicherte Männergeneration und eine verunsicherte Frauengeneration vor uns, mörderische Scheidungskriege und jede Menge Scheidungswaisen. Man muss die Augen schon sehr fest verschließen, um hier keinen Zusammenhang zu sehen.

14. Gewalttraumata können nur durch bewusste Auseinandersetzung beendet werden

Seelische Qualen können nur bewältigt werden, wenn wir uns mit ihren Ursachen auseinander setzen – mit unser Kindheit und unserer Lebensgeschichte, mit unserer Familiengeschichte, aber auch mit der Geschichte unseres sozialen Umfeldes. Über das Wie dieser Auseinandersetzung wollen wir uns im dritten Teil dieses Buches unterhalten.

XIV. Die Tantalus-Erfahrung: Gewalt und Schuld

Tantalus ist der Täter. Er mordet ohne Rücksicht auf Verluste. Er legt sich mit den Göttern an. Er glaubt, dass menschliche Gesetze für ihn nicht gelten, weil er sich für einen Gott hält. Er sät Hass und Misstrauen und prägt damit ein Muster, das seine Familie über Generationen verfolgen wird. Er lädt Schuld auf sich. Er tötet sein Kind.

Wenn wir in den Medien oder in Romanen von solch blutrünstigen Geschichten hören oder lesen, stellen wir erleichtert fest, dass wir von dieser Schuld nicht betroffen sind. Die Täter – das sind immer die anderen. Wir sind die Guten, die Bösen sind die Angehörigen anderer Nationen, Schichten oder Gruppen.

Aber sind wir wirklich so frei von Gewalt und Schuld, wie wir gerne glauben? Lehrt uns nicht die Geschichte des Menschen etwas ganz anderes?

Unsere Anfälligkeit für das Tantalus-Tätertum hatte offensichtlich negative Auswirkungen. Die Geschichte des Homo sapiens ist eine Erfolgsstory, die jeweils mit schrecklichen Opfern einhergegangen ist. Gleich ob es sich um Urmenschen, Indogermanen, Bantu, Mongolen oder neuzeitliche Europäer handelte – wo immer eine menschliche Kultur eine überlegene Kriegstechnik besaß, dezimierte sie die unterlegene Kultur. Je weiter sich die Waffentechnik entwickelte, desto größer wurden die Opferzahlen. Diese Entwicklung erreichte ihren Höhepunkt in den Kriegen des 20. Jahrhunderts mit Millionen Toten.

Die Geschichte von Gewalt und seelischem Leid zieht sich quer durch alle Völker und Kontinente, auch wenn in manchen Ländern dieser Zusammenhang schon vergessen scheint. In den USA wirkt die Ausrottung der Urbevölkerung und die Versklavung der Afrikaner nach und spiegelt sich in den sozialen Vorgängen in den Ghettos. In Lateinamerika wurde die Unterdrückung der indigenen Völker zur Methode und die Diktatur zur Normalität. In China herrschte von 1911 bis 1949 Bürgerkrieg. Ähnliches gilt für die Bevölkerung der ehemaligen Sowjetunion, die von 1914 bis 1953 beide Weltkriege, Bürgerkriege, stalinistische Säuberungen und Vertreibungen erlitten und bis 1991 in Angst vor Bespitzelung und Inhaftierung gelebt hat.

Die Mehrzahl der Länder dieser Welt hat in der jüngeren Vergangenheit Krieg und Gewalttätigkeit erlebt. Die Muster der Gewalt mögen je nach kulturellem Hintergrund verschieden sein – und doch ist in allen Völkern das Grundproblem dasselbe: Gewalt führt zur Zerstörung von sozialen Strukturen und zur Belastung von Familien, wodurch wieder die psychische Entwicklung der Kinder behindert wird. Die Folgen dieser unbewältigten Destruktivität sind dann die eingangs aufgezählten Symptome seelischen Leids.

Der Mensch hat ein sehr zwiespältiges Verhältnis zur Aggression. Einerseits ist die aggressive Haltung ein konstituierender Teil unserer Erfolgsstory, andererseits wird sie geleugnet und verpönt. Wir tun so, als könnten wir keiner Fliege etwas zuleide tun – unsere Geschichte aus Millionen Toten verdrängen wir und schieben sie räumlich und zeitlich von uns weg. Räumlich: Aggressiv sind immer die anderen. Und zeitlich: Das ist ja alles Vergangenheit und wäre heute im kultivierten Europa nicht mehr möglich.

Wie gesagt: Aus der Tiefenpsychologie wissen wir, dass Verdrängung die Probleme nicht löst, sondern verschärft. Je länger die Menschheit das Problem der Aggressivität von sich wegschiebt, desto entsetzlichere Folgen ergeben sich daraus. Das ist eine der Lehren aus der Tantalusgeschichte: Mit jeder Generation, die sich mit dem seelischen Problem nicht auseinander setzt, wird es schlimmer.

Die Notwendigkeit der Aufarbeitung der Gewalterlebnisse ist in der Wissenschaft erst in den letzten Jahren entdeckt worden und hat zum neuen Forschungsgebiet der Psychotraumatologie geführt. Aber immer noch ist es verpönt, die logische Verbindung zwischen drei Tatsachen zu ziehen: Auf der einen Seite gibt es Millionen und Abermillionen Menschen, die als Opfer und als Täter durch Gewalterlebnisse geprägt sind und deren Verstrickung in die Gewaltmuster auch deren Kindern und Kindeskindern schadet. Auf der anderen Seite gibt es Millionen von psychisch Kranken, die an ungeklärten Angst- und Panikzuständen leiden, sich verfolgt fühlen, oft vor Angst wahnsinnig werden. Die Depression ist dabei, die häufigste medizinische Krankheit überhaupt zu werden. Nach verschiedenen Schätzungen sind zehn bis vierzig Prozent der Weltbevölkerung von seelischen Krankheiten betroffen. Und drittens zeigt der statistische Vergleich, dass die Zahl der Menschen mit Gewalterfahrung und die Zahl der psychisch Kranken annähernd gleich groß ist.

Nach wie vor aber gilt es als unwissenschaftlich, nach Zusammenhängen zwischen diesen beiden Kategorien von Menschen zu suchen. Psychische Krankheit wird immer gern als biologische Erkrankung des Gehirns, als Entgleisung des Gehirnstoffwechsels oder als Gendefekt angesehen. Die Zusammenhänge etwa zwischen einem Verfolgungswahn und den millionenfach stattfindenden Verfolgungen werden nicht wahrgenommen. Auch 57 Jahre nach dem Ende des Zweiten Weltkriegs begegnet man Unverständnis, wenn man die in Mitteleuropa erlebte Gewalt als Erklärung für heute erlebtes seelisches Leid heranzieht. Die kollektive Verdrängung unseres Gewalttraumas wirkt nach wie vor. Insofern sind wir sowohl im Ausmaß der Tat als auch im Ausmaß der Verdrängung würdige Kinder des Tantalus. Was aber verdrängt wird, führt im Unbewussten meist ein destruktives Eigenleben, und so kann man vielleicht sagen, dass es einen weit verbreiteten Komplex gibt, den man „Tantaluskomplex" nennen könnte.

Während vor hundert Jahren Freud die Verdrängung sexueller Traumata als Krankheitsursache erkannt und im Ödipuskomplex beschrieben hat, scheint es heute an der Zeit, sich den verdrängten Folgen von Gewalterfahrungen zuzuwenden. Der Tantaluskomplex ist gekennzeichnet durch traumatische Gewalterfahrungen, die wegen ihres Ausmaßes zu dem Zeitpunkt, an dem sie erlebt werden, nicht verarbeitet werden können. Und aufgrund der dabei ins Spiel kommenden Abwehrmechanismen wird der Zusammenhang zwischen den Ereignissen der Vergangenheit und den in der Gegenwart erlebten seelischen Problemen und Krankheiten nicht bewusst.

Gefördert wird dieser Verdrängungsprozess durch kollektive Tabus: Die Menschen unterstützen sich gegenseitig in der Leugnung und Verdrängung dessen, was unangenehm und vielleicht schuldbesetzt ist. Erst in den letzten Jahren ist es beispielsweise möglich, über das Unrecht an den Zwangsarbeitern des Dritten Reiches zu diskutieren oder Rechtsansprüche an Beutekunst und arisiertem Gut einzufordern. Die Verbrechen der Deutschen Wehrmacht aufzuzeigen, wie es die umstrittene Wehrmachtsausstellung versucht, scheint dagegen noch immer selbst ein Verbrechen zu sein.

Doch auch durch noch so perfekte Verdrängung wird ein Problem keineswegs gelöst. Das verdrängte Erlebnis führt zu immer neuen Wiederholungen in Form von Krankheitssymptomen und neuen seelischen Verletzungen. Ein verdrängtes Erlebnis wird zu einem Erlebnismuster, das sich wiederholt – gerade deshalb, weil es nicht gesehen, erkannt und korrigiert werden kann. Die Seele präsentiert uns gleichsam immer wieder das gleiche Problem, in der Hoffnung, dass wir es lösen – bis wir es lösen.

Von Friedrich Hacker wurde bereits in den 70er-Jahren der „Kreislauf der Gewalt" beschrieben: Die Opfer der Gewalt fühlen sich moralisch berechtigt, Rache zu fordern. Indem sie die Rache vollziehen, werden sie zu neuen Tätern. Es gibt neue Opfer, die wiederum Rache fordern, und so geht es weiter. Jedes Opfer, das sich von seinen Rachegefühlen leiten lässt, trägt dazu bei, dass das Muster der Gewalt sich weiter ausbreitet.

Auf Grund der Rationalisierung, die nach Ausreden und Entschuldigungen sucht, kann ein verdrängtes Erlebnis rasch zur gefeierten Ideologie werden. Das Opfer, das die Gewalt überlebt hat, stützt dann die Ideologie des harten Mannes, der seine Stärke der Gewalt verdankt. Das führt zur Philosophie, dass der Krieg der „Vater aller Dinge" sei, unsere technischen Errungenschaften werden dann als Nebenprodukte der Waffentechnik gesehen und die Kriegstechnik wird zur Grundlage unseres Wohlstandes verklärt – was gar nicht so weit gefehlt ist, wenn wir die Geschichte des Homo sapiens rückblickend betrachten.

All das funktioniert, solange das Leid der Opfer verdrängt und geleugnet werden kann. Und deshalb investieren auch Machtapparate einen großen Teil ihrer Energie in die Vertuschung und Verleugnung dieses Leids – was wieder die kollektive Verdrängung unterstützt und soweit führt, dass die Opfer an ihrem Verstand und ihrer Wahrnehmung zweifeln, wenn sie einen seelischen Schmerz spüren, das es offiziell doch gar nicht geben kann.

Leid verschwindet nicht dadurch, dass wir wegschauen und leugnen. Die Schrecken von Gewalt, Tod und Trauer schwelen im Untergrund weiter. Manchmal sind die Folgewirkungen und Ängste nach einem traumatischen Erlebnis sogar schlimmer als das Erlebnis selbst – denn die menschliche Fantasie vermag ein inneres Bild immer weiter auszumalen und zu generalisieren. Ein Mensch, der als Kind von einem Hund gebissen worden ist, fürchtet sich oft vor allen Hunden, auch vor denen, die niemandem etwas zuleide tun. Wenn diese Angst nicht bearbeitet wird, wird sie immer größer.

Mit verdrängten Ängsten können wir uns nicht auseinander setzen – sie werden diffus und generalisiert. Am diffusesten sind jene Ängste, die wir von unseren Eltern übernehmen, ohne zu wissen, woher sie überhaupt stammen. Das geschieht gerade bei kleinen Kindern sehr leicht, denn sie übernehmen ihre Stimmungen direkt von den Bezugspersonen. Das Kind einer depressiven Mutter wird leicht ein ängstliches, depressives Lebensgefühl entwickeln, ohne die Ursache dieses Gefühls zu kennen. Und weil es den Grund der Angst nicht kennt, kann es sich nicht damit auseinander setzen und wird diese Angst nicht als Reaktion auf ein schlimmes Erlebnis, sondern als persönliche Eigenschaft erleben.

In dem Roman „Beach Music" beschreibt Pat Conroy den Selbstmord einer jungen Frau, deren Eltern Auschwitz überlebt haben. Obwohl die Kindheit dieser Frau objektiv gesehen völlig in Ordnung gewesen ist, hat ihre Seele die schrecklichen Erlebnisse ihrer Eltern wie ein Schwamm aufgesogen. Sie übernimmt auch das Schuldgefühl ihres Vaters, der als Einziger seiner Familie überlebt hat, weil er mit den Nazis kollaborierte. Schließlich sieht sie nur den Tod als einzigen Ausweg. Und Wally Lamb erzählt in seinem Roman „Früh am Morgen beginnt die Nacht" von Schizophrenie und Tod eines jungen Mannes, in dessen Seele die Gewalterfahrungen seiner Eltern und Großeltern gespenstisch toben. Die Vorfahren waren väterlicherseits unterdrückte Indianer, mütterlicherseits verarmte Weiße. Die Gespenster, die den Schizophrenen in den Tod treiben, sind der Nachhall von Ereignissen und Gestalten, die ein, zwei Generationen davor real existiert haben.

Romanautoren sehen also längst jenen Zusammenhang, den auch Psychotherapeuten in den Krankengeschichten ihrer Patienten finden. Die scheinbar verrückten Gefühle unserer psychisch kranken Mitmenschen sind Hinweise auf vergangene Erlebnisse. Angst, Wut und Trauer erscheinen in der heutigen Situation unangemessen und verrückt, passen aber wie der Schlüssel ins Schloss zu Erlebnissen der Eltern, Großeltern oder sonstiger Vorfahren. Wie der Archäologe durch sorgfältige Grabungen den realen Hintergrund der Mythen und Sagen entdeckt, so findet der Tiefenpsychologe hinter verschwommenen Gefühlen reale Ereignisse, ergeben die Familiengeschichten Hinweise darauf, dass Fantasien von Gewalt, Trennung, Vertreibung, Verfolgung, Tod, Vergewaltigung und Folter ihre Wurzeln in realen Ereignissen haben.

Die Tatsache, dass manche mit diesen Ereignissen der Vergangenheit besser zurechtkommen und andere schlechter, tut der Wirkung und der Betroffenheit keinen Abbruch. In Wally Lambs Geschichte bleibt ein Bruder gesund und der andere erkrankt, obwohl beide dasselbe erlebt haben. Aus der Familientherapie wissen wir, dass eine Familie meist nur einen Symptomträger braucht, der das Problem ausdrückt und zur Sprache bringt. Solange einer das Problem trägt, können die anderen sich frei spielen. Wenn der Symptomträger sich von seiner Problemrolle löst, erkrankt meist das nächste Familienmitglied. Das geht so lange weiter, bis das Problem aufgearbeitet wird. Die Qualen des Tantalus werden also ertragen, bis ein Orest kommt, der sich dem Problem stellen muss. So gesehen sind die Praxen der Psychologen voller Kinder des Tantalus, die in solche Not geraten, dass sie sich auf die Suche nach den Ursachen ihrer Qual begeben müssen.

XV. Die Pelops-Erfahrung: Tod und Verlust

Pelops erleidet den eigenen Tod und wird wie durch ein Wunder gerettet. Er verliert seinen Vater, der im Gefängnis der Unterwelt landet. Pelops hat keinen Vater mehr, Tantalus hat kein Kind mehr. Und Pelops vergisst seinen Vater, als hätte es ihn nie gegeben. Denn würde er sich erinnern, dann würde ihn das Bild seines Vaters wahnsinnig machen.

Ein Sohn, der ohne die schützende Hand seines Vaters aufwächst, ein Vater, der den Kontakt zu seinen Kindern verliert – ist uns das wirklich so fremd? Oder ist es uns nicht vielmehr sehr vertraut? Ist nicht nach dem Zweiten Weltkrieg eine ganze Generation vaterloser Söhne herangewachsen? Hat nicht der Verlust der Väter, der Verlust der Kinder unsere ganze Nachkriegszeit geprägt?

Im Zweiten Weltkrieg starben Millionen auf den Schlachtfeldern, durch Bomben und Erschießungen. Diese Ereignisse haben Millionen von Halb- oder Vollwaisen hinterlassen. Wenn ein Waisenkind statistisch gesehen meist ein Nicht-Waisenkind heiratet, dann gibt es doppelt so viele Kinder von Waisenkindern und viermal so viele Enkel von Waisenkindern, als es

Die Realität

Waisenkinder gibt. Daraus folgt, dass eine sehr große Anzahl von Familien von Waisenkinderfahrungen betroffen ist.

Ein wahrscheinliches Szenario für einen männlichen Mitteleuropäer der Jahrgänge 1916 bis 1924 könnte wie folgt beschrieben werden: Mit 17 oder 18 Jahren, meist vor Abschluss der Berufsausbildung, wird er zum Kriegsdienst eingezogen. Er heiratet noch schnell seine Jugendliebe oder versucht, auf den spärlichen Fronturlauben ein Kind zu zeugen. Nach durchschnittlich drei Jahren fällt er „in Erfüllung seiner vaterländischen Pflicht".

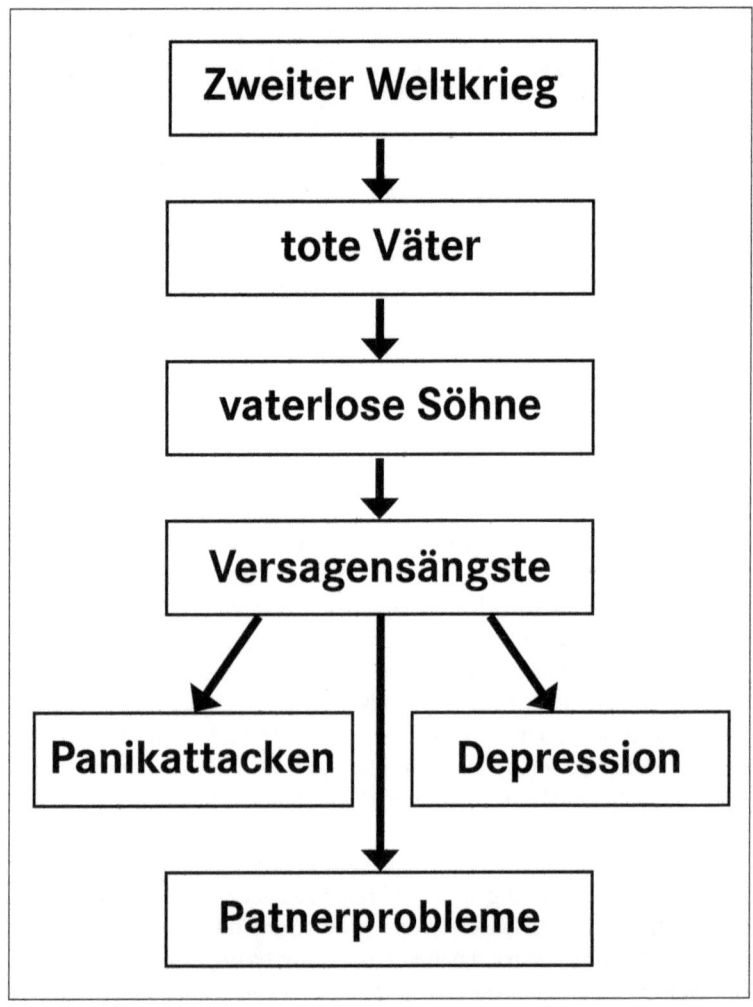

Meist bleibt eine Witwe mit einem Kleinkind zurück, die vielleicht später einen der wenigen Überlebenden heiratet.

Jedenfalls: Die Familien in Mitteleuropa, die nach Ende des Krieges kein totes männliches Mitglied zu beklagen haben, sind in der Minderheit. In Deutschland und Österreich, aber auch in Osteuropa wächst eine vaterlose Generation heran. Entweder gibt es gar keinen Vater und die Witwe zieht ihre Kinder alleine groß. Oder aber es gibt einen überlebenden Vater, der leibliche eigene Kinder hat oder auch einen Stiefsohn, dessen Vater in Russland gefallen ist. Überlebende Väter landen in Gefangenenlagern und sind für ihre Kinder Fremde, wenn sie nach Jahren heimkehren. Alle sind froh, dem Grauen des Krieges entkommen zu sein. Die Autorität der wenigen Väter ist ihrer natürlichen Kraft beraubt, weil „Führerschaft" ein Schimpfwort geworden ist. Ins Unbewusste fressen sich Sätze wie: „Ich hatte nie einen Vater" – „Die guten, aufrechten und ehrlichen Männer sind in Russland gefallen" – „Die Väter sind schuldig"

Was bedeutet nun das Modell des toten oder entwerteten Vaters für die Kinder und Enkelkinder? Die Wirkung ist für männliche und weibliche Nachkommen verschieden, in beiden Fällen aber schädlich. Den Buben fehlt das männliche Vorbild. Buben können schlecht erwachsen werden, wenn ihnen nicht der Vater oder ein Ersatzvater den Weg hinaus ins Leben zeigt. Zur Entwicklung der männlichen Identität ist der Vater als Modell und auch als Reibebaum für die beginnende Kritikfähigkeit notwendig. Wenn diese Vatersehnsucht nicht erfüllt wird, dann fehlt der Mut, das Kindsein hinter sich zu lassen und männliche Stärke zu entwickeln. In anderen Fällen muss das Modell der Männlichkeit sozusagen im luftleeren Raum entwickelt werden und das führt zu Überzeichnung und Starre. Hinter dem Geltungsdrang vieler Männer steckt eine tiefe Unsicherheit, die daraus entstanden ist, dass das Selbstbewusstsein nicht über die Bestätigung durch den eigenen Vater erlernt werden konnte.

Ein Mann mittleren Alters kommt in die Praxis, er hat Selbstwertprobleme, Ängste und depressive Stimmungen. Im Privatleben ist er unglücklich und seine Liebesbeziehungen sind meist nicht von langer Dauer. Nach einigen Stunden erzählt er, dass er ohne Vater allein mit der Mutter aufgewachsen ist. Sein Vater habe sich nie um ihn gekümmert und habe es nie lange bei einer Frau ausgehalten. Der Vater seinerseits hatte schon als kleines Kind seinen Vater auf den Schlachtfeldern Russ-lands verloren und so ebenfalls kein väterliches Vorbild gehabt. Aus psychologischer Perspektive zeigt sich Folgendes: Seit zwei Generationen machen Frauen die Erfahrung, dass die Männer sterben oder sonstwie verschwinden, lernen Söhne, ohne Vater aufzuwachsen. Unbewusst hat sich die Kriegserfahrung überliefert, dass auf Verliebtheit und Hochzeit sehr schnell Tod und Verlust folgen. Der Mann in unserem Beispiel hat, ohne zu wissen warum, aber gewissermaßen konsequenterweise, eine tiefe Scheu vor Liebe und Bindung – aus Angst, nicht mehr lange zu leben zu haben, wenn er sich auf eine Hochzeit einlässt.

Auf Töchter hat das Fehlen des Vaters ebenfalls eine negative Auswirkung. Eine Tochter lernt am Beispiel des Vaters, sich mit Liebe und Vertrauen auf männliche Partner einzulassen. Wenn der Vater früh verstirbt, kann sich bei der Tochter unbewusst die Angst festsetzten, dass auch zukünftige Partner sterben oder sie verlassen werden. Unbewusst bege-

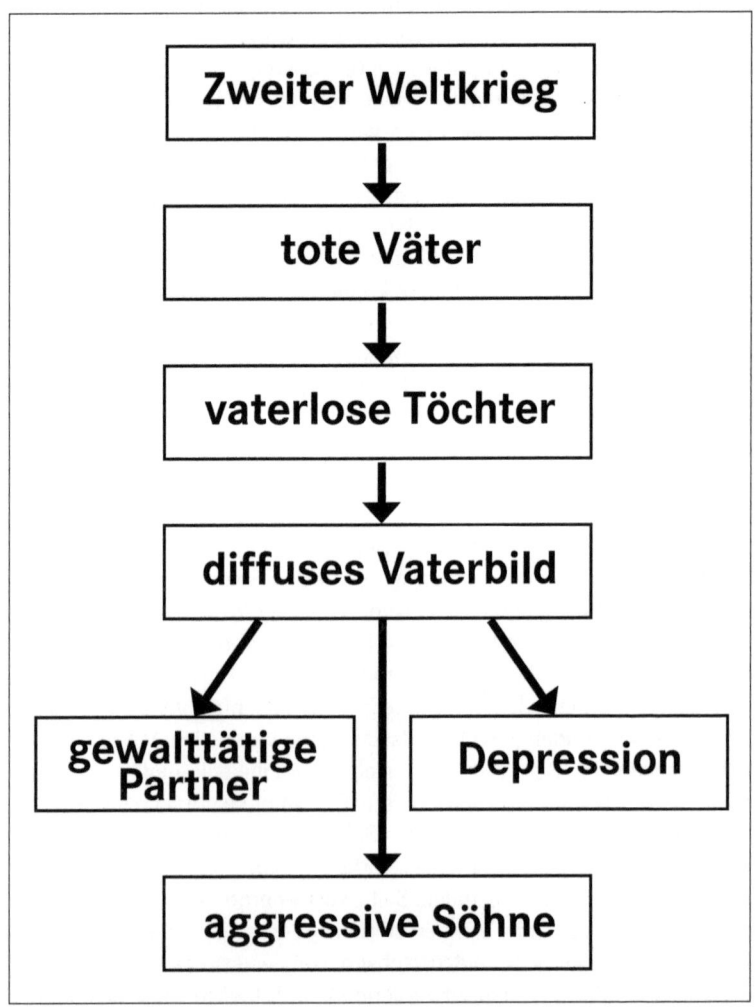

ben sich Frauen mit einem solchen Verlustmodell immer wieder in Partnerschaften, die mit Verlusten enden und ihre Verlustangst bestätigen. Weil es andererseits genügend Männer mit Bindungsängsten gibt – die dieselbe Ursache haben wie die Verlustangst der vaterlosen Frauen –, ist das nicht besonders schwierig.

Eine sehr attraktive Frau wächst als Waisenkind auf. Ihr Vater fällt im Krieg kurz nach ihrem dritten Geburtstag, die Mutter stirbt in den 50er-Jahren bei einem Verkehrsunfall. Die Frau hat verschiedene Partnerschaften, die meist auf unerklärliche oder auch dramatische Weise beendet werden. Sie hat zwei Söhne von verschiedenen Vätern, die sie verlassen, als die Kinder drei bzw. vier Jahre alt sind. Schließlich beschließt die Frau, ihre Kinder allein großzuziehen und keinen Mann mehr in ihr Leben zu lassen. Daraufhin entwickeln beide Kinder aggressive Verhaltensstörungen, weil sie den Verlust ihrer Väter nicht verkraften. Wegen ihrer Kinder sucht die Mutter eine Therapie auf und erkennt erst hier das Mus-ter des Vaterverlustes im dritten Lebensjahr, das ihr und ihren Kindern gemeinsam ist.

Wenn Kinder ihre Eltern verlieren, so hinterlässt das eine Lücke in der Seele. Wenn Väter und Mütter ihre Kinder verlieren, passiert Ähnliches. Pelops war bereits mausetot, als die Götter einschritten, um ihn zu retten. Die Kinder des 20. Jahrhunderts konnten nicht auf solche göttliche Hilfe zählen; diese Kinder blieben tot – und zurück blieben traurige Eltern:

Millionen Soldaten, die auf den Schlachtfeldern des Zweiten Weltkrieges gefallen sind, waren sehr jung, achtzehn, neunzehn oder zwanzig Jahre alt. Ihre Eltern haben sie überlebt – und der Schmerz um ein totes Kind gehört zum Schwersten und Unerträglichsten. Den geliebten Sohn zu verlieren, war in dieser von Männern dominierten Zeit zudem doppelt schwer: In einer Zeit, in der Söhne mehr als Töchter gegolten haben, hat ihr Tod deutliche Spuren in den Seelen der Hinterbliebenen hinterlassen. Und die Tatsache, dass damals fast jede Familie ihre Toten zu beklagen hatte, bedeutet weder, dass alle Eltern gleich gut darüber hinweggekommen sind, noch, dass es den überlebenden Geschwistern leicht gefallen ist, mit dem Tod ihrer Brüder zurechtzukommen. Nicht selten wurden die Toten ja heroisiert und als Helden gesehen – und für die Überlebenden war es dann besonders schwer, wenn sie mit den Toten verglichen wurden.

Ein junges Mädchen steht seine ganze Kindheit lang im Schatten seines großen Bruders, der das Lieblingskind der Eltern und als Sohn in dieser sehr patriarchalischen Familie mehr wert ist als seine Schwester. Der Sohn soll einmal den Hof übernehmen und ist die Hoffnung der Familie, und als er im Krieg fällt, ist der Schmerz schier unerträglich. Die

Tochter und später deren Ehemann müssen nun in die Fußstapfen des toten Bruders treten. Die Tochter bekommt aber immer wieder unausge-

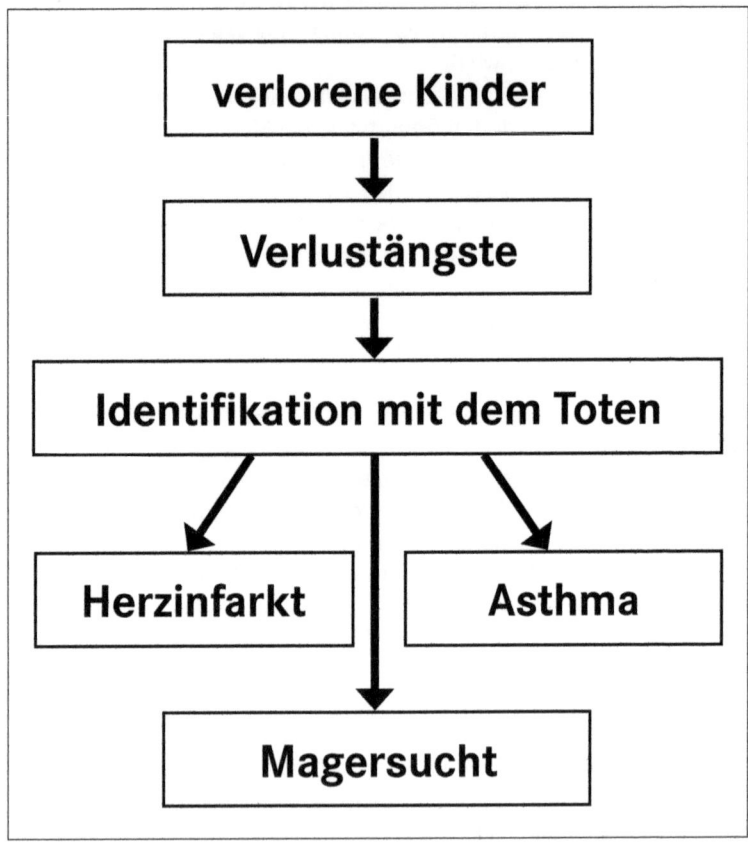

sprochen oder auch direkt formuliert Folgendes zu hören: „Wärst doch du gestorben anstelle des Bruders und hätte der Bruder überlebt – dann ginge es uns heute viel besser." Sie hatte also ein Leben lang das Gefühl, als Frau wertlos zu sein. Schließlich bekommt sie selbst eine Tochter, die im Jugendalter eine schwere Magersucht entwickelt und solcherart die Wertlosigkeit des weiblichen Körpers symbolisch ausdrückt. Sie entgeht nur knapp dem Tod – und bringt die Angst und die Trauer um den toten Onkel wieder ins Bewusstsein.

In den Familienaufstellungen finden wir oft folgendes Familienmuster: Ein totes Kind reißt eine tiefe Lücke ins Familiensystem. Die Eltern und Geschwister werden mit dem so frühen Verlust nicht fertig und verdrängen Schmerz und Trauer. Das tote Kind kann innerlich nicht losgelassen werden, und so ist der Platz des Toten gewissermaßen vakant. Ein anderes Kind oder Enkelkind wird unbewusst in die Rolle des toten Kindes gedrängt und muss dessen Platz einnehmen. Unbewusst greift ein anderes Kind derselben oder der nächsten Generation die Eigenschaften oder seinerzeitigen Vorhaben des toten Kindes auf und übernimmt damit vor allem auch dessen Probleme. Erst wenn es in den Familienaufstellungen gelingt, dem toten Kind seinen Platz und seine Würde zurückzugeben, kann der überlebende Nachkomme aus der Problematik entlassen werden. Das ist deshalb besonders wichtig, weil die Rolle des Toten eben auch Krankheit und Tod beinhaltet – und somit die Gefahr besteht, dass man sich mit der Übernahme dieser Rolle in lebensbedrohliche Situationen begibt.

XVI. Die Atreus-Erfahrung: Verstrickung und Potenzierung

Von allen Tantaliden ist die Figur des Atreus am schwierigsten zu verstehen. Für sein Verhalten Verständnis aufzubringen, ist fast unmöglich. Doch wenn sein Geschlecht nach ihm benannt und als „Atriden" in die Geschichte eingegangen ist, muss er eine Schlüsselfigur für das Verständnis der ganzen Geschichte sein.

Atreus ist der geborene Killer. Ob Onkel, ob Cousins, er bringt alles um, was ihm unter das Schwert kommt. Und das scheinbar aus purem Vergnügen. Denn eigentlich hat er keinen Grund, Rache zu üben oder gewalttätig zu sein – seine Aggressivität kann nicht mit einer schwierigen Kindheit erklärt werden: Sein Vater ist der mächtigste Mann Griechenlands und herrscht über ein großes Reich, Atreus wächst als privilegierter Königssohn in Wohlstand auf und leidet – zumindest dem äußeren Anschein nach – keinerlei Mangel.

Kinder der Wohlstandsgesellschaft, die Psychopathen werden, obwohl es ihnen scheinbar so gut geht – das Problem kennen wir auch heute. Und wieder ist es die Enkelgeneration, die schwierig wird, jene Generation also, die das Grauen gar nicht selbst erlebt, sondern nur indirekt von den Vätern und Großvätern übernommen hat. Um dieses Phänomen zu verstehen, müssen wir etwas weiter ausholen und einige psychologische Theorien erläutern: die Generationenverschiebung, die Tradierung von Familienmustern und die Summierung seelischer Traumata.

DIE REALITÄT

a) Die Generationenverschiebung

Dass ein Mensch, wenn er das Opfer von Gewalt wird, verstört ist oder als Reaktion sogar krank wird, ist verständlich. Nun gibt es aber Fälle, in denen dieser kausale Zusammenhang – von Verlassensein, von Schicksalsschlägen oder von Gewalt und dem Ausbruch einer Krankheit – auf den ersten Blick nicht zu erkennen ist. In der Praxis der heutigen Kinderpsychologen stoßen wir häufig auf dieses Phänomen scheinbar unerklärlicher psychischer Störungen. Es handelt sich dabei um Kinder mit Angst-, Schmerz- oder Aggressionszuständen, die in einer familiären Geborgenheit leben, wie sie nichts zu wünschen übrig lässt. Die Eltern kommen dann zum Psychologen und sagen ungefähr Folgendes: „Ich weiß nicht, was mein Kind hat, wir geben ihm doch alles, wir sind immer da, wir haben Zeit, wir hören zu und wir schlagen es nicht. Wir verstehen nicht, was mit unserem Kind los ist!"

Bei genauerem Nachfragen aber berichten Mutter oder Vater des Kindes, dass sie selbst sehr früh einen Elternteil verloren haben, dann auf einen Pflegeplatz gekommen oder von Verwandten aufgezogen worden sind. Und im Weiteren zeigt sich, dass die Ängste ihres Kindes zwar nicht zu seinem gegenwärtigen Leben passen, sehr wohl aber eine adäquate Antwort auf jenen Verlust sind, den sein jeweiliger Elternteil einst erlitten hat.

Oder aber es finden sich im Leben der Eltern und Großeltern Erfahrungen von Missbrauch, Vertreibung und anderen gewaltsamen Ereignissen, die sich im aggressiven Verhalten des Problemkindes spiegeln. Wir sehen also, dass die Eltern oft eine Pelops-Erfahrung von Trauer und Verlust, die Großeltern eine Tantalus-Erfahrung von Gewalt und Schuld mit sich tragen. Das Enkelkind wird in diese ungelösten Probleme hineinverstrickt und entwickelt dann ein scheinbar unerklärliches Atreus-Verhalten.

Ein zehnjähriger Bub verlässt die Wohnung nicht mehr, tyrannisiert und schlägt seine Mutter, und unter den Nachbarskindern ist er wegen seiner Gewaltbereitschaft verschrien. Schließlich kommt es auf Drängen der Mutter zu einer Zwangseinweisung in die Kinderpsychiatrie, wo er bald durch sein obszönes Verhalten auffällt. Die Familiengeschichte zeigt Folgendes: Die Großmutter des Jungen hat ihren Mann im Zweiten Weltkrieg verloren. Sie zog daraufhin ihre Tochter alleine auf und ging nie wieder eine dauerhafte Beziehung zu einem Mann ein. Wenn sie sich auf Männer einließ, endete dies meist in einer Enttäuschung, weil keiner an den idealisierten Toten heranreichte. Die Tochter wuchs vaterlos auf; ihr Männerbild wurde durch die Enttäuschungen der Mutter geprägt, die ihr unbewusst beibrachte, dass auf Männer kein Verlass ist. Als junge Frau ist sie daher sehr vorsichtig und zögernd, und als sie sich schließlich doch in einen Mann verliebt und schwanger wird, bestätigen sich alle Befürchtungen. Der Mann hat ihr seine Liebe nur vorgetäuscht, ist verheiratet und verabschiedet sich auf herzlose und brutale Weise. Der Sohn dieser Frau wird nun von der Mutter und der Großmutter gemeinsam großgezogen. Er wächst ohne jedes männliche Vorbild auf und wird mit den negativen Männererfahrungen der beiden Frauen belastet. So bleibt ihm nichts anderes übrig, als eben diese negative männliche Identität anzunehmen, die er dann in seinem aggressiven Verhalten ausdrückt. Als er auf Anordnung des Jugendamtes in ein Heim mit vielen männlichen Erziehern kommt und sich an positiven männlichen Vorbildern orientieren kann, normalisiert sich sein Verhalten in kurzer Zeit.

Es ließen sich unter meinen Klienten noch Hunderte derartiger Beispiele finden. Es scheint so zu sein, dass sich Belastungsfaktoren in der Familie nicht notwendigerweise genetisch vererben, sondern ihre Wirkung aus der Überlieferung des thematischen Zusammenhangs von einer Generation auf die nächste entfalten. Diesen Vorgang nenne ich Generationenverschiebung, analog dem psychoanalytisch definierten Abwehrmechanismus der Verschiebung. Dabei wird ein Affekt aus dem thematischen Zusammenhang gerissen und einer anderen Situation zugeschoben, wo er dann in inadäquater Weise hervorbricht. Ein Musterbeispiel dafür: Ich fühle mich von meinem Chef kritisiert; meinen Zorn auf den Chef herauszulassen, ist jedoch so angstbesetzt, dass ich den Zusammenhang Chef = Ärger verdränge. Der Ärger ist damit aber nicht aufgelöst, ich nehme ihn mit nach Hause, verschiebe ihn auf meine Ehefrau und fange zu Hause einen Streit an, der meiner Ehefrau zurecht völlig inadäquat erscheint, weil sie mir ja keinen Grund zum Streit gegeben hat. Es wird somit die Ursache – jemand ärgert mich und ich bin auf ihn wütend – von der Wirkung getrennt und der Affekt verschoben. Diese Abwehrmechanismen – Verdrängung und Verschiebung – sind bei einem so massiven Trauma wie dem Verlust der Eltern durch Tod oder Fremdunterbringung überlebensnotwendig. Die Eltern- oder Großelterngeneration, die als Waisen- oder Pflegeplatzkinder aufgewachsen ist, hat die damit verbundenen Affekte verdrängen müssen, weil in der Regel niemand da gewesen ist, der diesen Menschen auf einfühlsame Weise helfen hätte können, ihr Trauma zu verarbeiten. Das Trauma wird damit zu einer verfestigten Erinnerungsmatrix, die die Wahrnehmung analoger Situationen prägt. Oft können sich die Eltern ein Leben lang nicht an die Verarbeitung dieses Schmerzes heranwagen. Sie nehmen daher diese verfestigte Erlebnisstruktur in die Situation mit ihren eigenen Kindern hinein: Der Affekt des unverarbeiteten Traumas wird vom verdrängenden Elternteil dem Kind zugeschoben, das dann mit Symptomen reagiert, die das ursprüngliche Trauma ausdrücken. Die Verschiebung findet somit nicht innerhalb ein und derselben Person, sondern zwischen Eltern und Kindern statt. Und diese zeitliche Distanz von Ursache und Wirkung macht auch die jeweiligen Zusammenhänge oft so unerklärlich.

b) Die Mustertradierung

Diese Zusammenhänge mögen Ihnen vielleicht ungewöhnlich erscheinen, und sie sind auch oft auf den ersten Blick schwer zu verstehen. Wie können Eltern ihren Kindern etwas in die Schuhe schieben, was sie nicht selbst lösen wollen, und wie sollen Kinder von Ereignissen beeinflusst werden, die sie selbst nicht erlebt haben?

Für Jugendliche, die sich gerade in der Protestphase der Pubertät befinden, ist dieses Denken aber ganz verständlich. Sie haben sehr oft das Empfinden, dass ihnen der Müll der Elterngeneration zugeschoben wird – und meist eine sehr feine Nase für die faulen Eier, die da zum Himmel stinken. All das, was die Elterngeneration nicht sehen will, weil es eben unangenehm ist, wird ihr meist von den heranwachsenden Kindern kritisch präsentiert. Eine offene Auseinandersetzung zwischen Eltern und Jugendlichen ist daher die beste Möglichkeit, um Familienmuster zu ändern und zu korrigieren. In dieser Phase der Identitätsbildung übernimmt die junge Generation die Lebensmuster der Erwachsenen, wenn sie erfolgversprechend sind, während negative Muster zurückgewiesen werden. Viele Mus-ter der Eltern werden aber auch abgewandelt, wenn sie teils brauchbar, teils aber unbrauchbar scheinen. Weil so die Erlebnismatrix der Eltern und die Erlebnismatrix des Kindes oft nicht identisch ist, fällt es den Eltern leicht, den Zusammenhang zwischen den Mustern mehrerer Generationen zu leugnen: „Das war ja eine ganz andere Zeit, das versteht ihr heute nicht." Tatsächlich ist so manches anders; vieles aber ist vergleichbar. Und weil der Mensch seinem Schicksal nicht schlechtweg ausgeliefert ist, sondern sehr wohl seine eigenen Entscheidungen treffen kann, und weil alle Generationen solche Entscheidungen treffen, ist die Entwicklung von Familienmustern ein kreativer Austauschprozess zwischen Eltern und Kindern. Dabei suchen sich die Kinder aus den Modellen ihrer Eltern jene Muster heraus, die ihnen brauchbar zu sein scheinen. Je offener die Kommunikation in der Familie, desto bewusster kann die Auswahl der Muster erfolgen; je verdrängter ein Thema, desto schwerer ist es zu korrigieren. Familientabus pflanzen sich daher meist ohne Korrektur fort – und tendieren dazu, von mehreren Generationen wiederholt zu werden.

In der Fülle der Wechselwirkungen zwischen den Generationen können wir drei Formen der Tradierung von seelischen Mustern unterscheiden: identische, konträre und abgewandelte Mustertradierung.

Identische Mustertradierung: Über den Mechanismus der Identifizierung übernimmt das Kind voll und ganz die Muster und Themen eines oder beider Elternteile: Wie der Vater, so der Sohn; wie die Mutter, so die Tochter. Die identische Musterbildung findet vor allem bei positiven Eigenschaften der Eltern statt. Unsere Eltern haben ja in der Regel viele Stärken und gute Eigenschaften, mit denen wir uns leicht zu identifizieren vermögen. Alles, was funktioniert, wird gerne nachgemacht und übernommen. Die Verhaltenstherapie hat nachgewiesen, dass ein Großteil des Lernens ein Lernen am Modell ist. Das positive Modell unserer Eltern führt somit dazu, dass wir Fähigkeiten, Errungenschaften und Traditionen unserer Vorfahren relativ mühelos übernehmen. Schwierig wird es bei der identifikatorischen Übernahme negativer Eigenschaften, denn negative Muster dienen oft dazu, ein traumatisches Erlebnis zu verdrängen und negative Gefühle nicht hochkommen zu lassen. In der Identifikation führt das Kind dann die Verdrängung fort, die schon für die Eltern überlebensnotwendig gewesen ist, und das kann dazu führen, dass über mehrere Generationen ein bestimmter Gefühlsbereich ausgeklammert bleibt. Dadurch wird der Gefühlsstau jedoch immer größer und das Konfliktpotenzial muss sich schließlich in einer dramatischen Krise entladen.

Konträre Mustertradierung: Der Zusammenhang zwischen den Mustern verschiedener Generationen ist oft schwer zu erkennen, weil er analog dem Positiv und Negativ in der Fotografie zu sehen ist. Wenn ich in der Fotografie ein Negativbild mit einem Positivbild vergleiche, so ist die Ähnlichkeit zwischen beiden Bildern kaum auszunehmen, und dennoch ist das Negativ unerlässlich zur Herstellung eines Abbildes der Wirklichkeit. In den drei Generationen Großeltern – Eltern – Kind findet sich das Trauma als ursprüngliches Bild oft auf der Großelternebene; die Persönlichkeit der Eltern verhält sich dazu wie der Negativabdruck; und erst das Enkelkind zeigt wieder den Positivabdruck der ursprünglichen traumatischen Situation. Laienhaft ist das im Satz einer Mutter ausgedrückt: „Ich habe versucht, mein Kind anders zu erziehen, als ich erzogen worden bin, und nun ist meine Tochter genau so geworden wie meine Mutter."

Bei negativen Mustern geschieht es häufig, dass das Kind ins Gegenteil schlägt. Wenn ich mich an ein bestimmtes Defizit erinnere, so werde ich versuchen, es als Erwachsener anders zu machen. Konträre Reaktionen können aber zu einer negativen Fixierung auf die Grundproblematik führen. Dafür ein Beispiel: Die erste Generation (Großeltern-Generation) hat ein Übermaß an Struktur und Machtgläubigkeit, Zuwendung gilt als

Die Realität

Verwöhnung – wie das häufig in der Kriegs- und Nachkriegsgeneration der Fall gewesen ist. Die zweite Generation (Eltern-Generation) versucht das Gegenteil und hat deshalb einen Mangel an Struktur und ein Übermaß an Zuwendung – wie das besonders zur Zeit der antiautoritären Erziehung der Fall gewesen ist, die historisch eine Reaktion auf die Rigidität des Faschismus dargestellt hat. Die dritte Generation (Enkel-Generation) schließlich versucht wieder das Gegenteil, und wünscht sich Struktur und Stärke, wodurch sich plötzlich eine Parallele zwischen den Enkeln und den Großeltern ergibt: Die Sehnsucht nach autoritären Führern taucht wieder auf.

Obwohl jede Generation das Gegenteil ausprobiert, geht die Problematik im Kreis. Wie in der Fotografie wird das Positiv zu einem Negativ, aus dem Negativ wird wieder ein Positiv. Negativ und Positiv sind zwar scheinbar verschieden, ergeben aber letztlich das gleiche Bild. Und je traumatischer sich ein negatives Bild in die Seele einprägt, desto mehr Generationen bleiben diesem negativen Bild verhaftet, wie sehr sie auch ständig dagegen protestieren: Der Protest gegen unsere Eltern bewirkt noch keine Lösung der Probleme.

Abgewandelte Muster: Die Familienmuster werden von Generation zu Generation weiterentwickelt. Bestimmte Probleme eines Familienmusters werden gelöst, andere bestehen weiter und werden der nächsten Generation zur Lösung überlassen. Ein Modell dafür ergibt sich aus den Grundbedürfnissen des Menschen, die je nach familiärem Umfeld erfüllt oder unerfüllt bleiben. Solche Bedürfnisse sind: Struktur, Zuwendung, Autonomie, Orientierung und Anerkennung.

Viele Eltern sind auf Grund von Gewaltereignissen der Vergangenheit in ihren Grundbedürfnissen während ihrer Kindheit zu kurz gekommen. Wenn man dann eigene Kinder hat, leben diese Frustrationen wieder auf, erinnern wir uns wieder an sie. Wenn die Eltern ihre Motive gut genug verdrängen, kann es passieren, dass sie versuchen, diese Defizite nachträglich vom eigenen Kind erfüllt zu bekommen. Wenn man also beispielsweise von der Mutter selbst nicht geliebt worden ist, ist es besonders wichtig, sich vom eigenen Kind geliebt zu fühlen. Im Extremfall erfolgt eine Umkehrung der Eltern-Kind-Beziehung: Plötzlich muss die Tochter die Mutter ihrer Mutter sein, der Sohn wird zum Vater seines Vaters: Eine Mutter, die als Waisenkind keine Liebe erfahren hat, verlangt von ihrer Tochter ständig Liebesbeweise und missachtet dabei die Autonomiebestrebungen des Kindes. Ein Vater, der als Stiefsohn abgelehnt worden ist, macht später seinen Sohn für diese Gefühle der Ablehnung verantwortlich und lehnt den Sohn ebenfalls ab. Ein Vater, der nie vom eigenen Vater anerkannt worden ist, möchte nun von seinem Sohn getröstet werden, und dieser soll deshalb unbedingt studieren und erfolgreich sein, um den Vater vor der Welt zu rehabilitieren. In der Eltern-Kind-Situation leben also die Erfahrungen der eigenen Kindheit wieder auf. Wenn die Eltern eine unglückliche Kindheit, die sie nicht bewältigen konnten, gehabt haben, so geben sie dieses Unglück in irgendeiner Form an ihre Kinder weiter.

Betrachten wir nun mehrere Generationen einer Familie, so ergibt sich ein Grundmuster der Weitergabe von Verletzungen, die dabei immer neue Formen annehmen können: Die erste Generation, also die Großeltern oder Urgroßeltern, hat meist eine vitale Bedrohung des eigenen Lebens erfahren – etwa durch den frühen Tod der Mutter oder des Vaters. Diese Generation muss ihre ganze Kraft dem Überleben widmen und dabei ihre emotionalen Bedürfnisse verdrängen. Ein Waisenkind wird als Elternteil seine ganze Kraft der physischen Versorgung seines Kindes widmen. Das Kind selbst aber wird sich vielleicht sehr einsam fühlen, weil die Eltern vor lauter Versorgen und Geldverdienen keine Zeit haben und Gefühle und emotionale Zuwendung zu kurz kommen. Wenn dann diese einsamen, alleingelassenen Kinder ihrerseits Eltern werden, schwören sie sich, es besser zu machen, nach dem Motto: „Kinder brauchen vor allem viel Liebe." Aber vielleicht tun sie des Guten dann wieder zuviel und ersticken das Kind mit ihrem Anspruch nach ständiger emotionaler Nähe – während das Kind sich insgeheim nach Freiheit und Ungebundenheit sehnt. Und wenn dann diese emotional überbeanspruchten Kinder erwachsen werden, schwören sie sich oft: „Ich werde es besser machen als meine Eltern und meinem Kind genug Spielraum geben. Ein Kind muss sich selbstständig entwickeln, ohne von den Eltern am Gängelband gehalten zu werden." Vielleicht tun dann aber auch sie des Guten zu viel und lassen das Kind zu sehr alleine in seinem Verlangen nach Orientierung und lebendiger Auseinandersetzung mit einem Vorbild. Und dieses Kind wird sich insgeheim denken: „Ihr habt mich immer alleine gelassen mit allen meinen Fragen an das Leben." Und wenn diese orientierungslosen Kinder Eltern werden, lautet ihre Devise: „Ich werde meinem Kind immer den Weg zeigen, es soll immer wissen, wo es lang geht und sich sicher sein, dass ich die Antwort weiß; es soll immer bei mir Rat finden." Vielleicht zwingen sie dann ihren Kindern zu sehr den eigenen Plan auf, machen aus ihm etwa ein „Wunderkind", das zu sehr in eine Richtung gedrillt wird und keinen Raum hat, eigene Ideen zu entwickeln.

Wir sehen also, dass jedes Trauma der eigenen Kindheit eine Verhärtung in der eigenen Seele hinterlässt, die uns dann als Eltern zu rigide einen zu einseitigen Standpunkt einnehmen lässt. Wir sind dann nicht mehr in der

Lage, die sich ändernden Bedürfnisse unserer Kinder wahrzunehmen und flexibel darauf zu reagieren, sondern wir interpretieren das Kind einseitig in Richtung der Erlebnisse der eigenen Kindheit. Über diesen versteckten Mechanismus wirken Gewalt- und Verlusttraumata über Generationen fort. Kinder und Enkel werden so indirekt in die Probleme früherer Generationen verstrickt, obwohl sie diese selbst gar nicht erlebt haben.

c) Die Summierung des seelischen Leids

In der Psychotherapie versuchen wir, das Leid durch Verarbeitung zu lindern und machen die Erfahrung, dass seelische Wunden mit der Zeit heilen können. Durch die wiederholte Auseinandersetzung mit einem angstauslösenden Reiz kann die Angst weniger werden und verschwinden, vorausgesetzt, sie wird nicht bestätigt und die Wunde nicht wieder neu geschlagen. Ein Trauma, speziell ein Kriegstrauma, kann so groß sein, dass es mehrerer Generationen bedarf, bis die dazugehörige Angst sich langsam abbaut. Die erste Generation kümmert sich wahrscheinlich um den materiellen Wiederaufbau, die nächste um das Entstehen von emotionaler Geborgenheit, die dritte um demokratische Freiheit – und schließlich wächst eine relativ unbelastete Generation heran. Wenn aber in jeder Generation ein neues Trauma von Zerstörung und Gewalt sich zum alten gesellt, wird dieses nicht nur bestätigt, sondern noch vertieft. In Friedenszeiten können sich die seelischen Strukturen – gestützt auf positive Erziehungsvorgänge – langsam aufbauen und festigen. Es entstehen Gefühle von Sicherheit, Geborgenheit, Anerkennung, Selbstbewusstsein und Selbstverwirklichung. Doch wie im Falle sozialer Erholung sich Schicht für Schicht aufbaut, so wird im Falle der wiederholten Gewalt Schicht für Schicht zerstört, und die Generationen einer Familie erleben einen schrittweisen Abstieg. Auf Tod und Verlust folgt der soziale Abstieg, das Waisenkindschicksal, die Mutter-Kind-Störung, die Misshandlung usw. Von Generation zu Generation finden dann die Kinder immer schlechtere Bedingungen vor und die seelischen Störungen werden entsprechend massiver – bis am Schluss alle Ich-Funktionen zerbrechen. Durch die Summierung des seelischen Leids über Generationen ließe sich somit auch die Entstehung von Psychosen und Verfolgungswahn erklären – aus der quantitativen Steigerung der Angst, die schließlich zum autistischen Rückzug aus dem Wahrnehmungskontakt mit der angstauslösenden Realität führt.

Die Einteilung der seelischen Störungen erklärt sich dann als quantitative Steigerung der Angst entsprechend der Aufsummierung des Leids:

Aktuelle Gefahr	Realangst
Kürzlich erlebtes Trauma	Angstreaktion
Traumatische Kindheit	neurotische Angststörungen
Unbewältigte Traumata mehrerer Generationen	Depression
Massive Zerstörung der Eltern-Kind-Beziehung über viele Generationen	Psychose

Ein Haupteinwand gegen die einfache Logik, wonach die Ausprägung des Symptoms sich direkt proportional zum Ausmaß des erlittenen Leids verhält, lautet ungefähr so: „Wenn das so wäre, dann müssten ja alle seelisch krank werden. Manche werden aber durch das Leid erst richtig stark und erfolgreich. Und warum bleiben viele Geschwister gesund, während nur einer eine Depression bekommt?"

Zum Gesundbleiben der Geschwister von psychisch Kranken hat Heimo Gastager bereits vor Jahrzehnten eine wichtige Untersuchung vorgelegt. Er hat herausgefunden, dass diejenigen, die an einer Psychose erkrankten, die Lieblingskinder eines schwierigen, latent oder manifest schizoiden Elternteils waren – während die Geschwister, die gesund blieben, zu diesem Elternteil eine größere emotionale Distanz aufwiesen. Das bedeutet, dass das Krankheitsrisiko mit der emotionalen Nähe zum vorbelasteten Elternteil steigt, weil in dieser Nähe die belastenden seelischen Inhalte weitergegeben werden. Dieser Befund deckt sich mit der Erfahrung der Familientherapeuten, dass meist nur ein Kind als Symptomträger den Familienkonflikt ausdrückt und seine Geschwister sich eben dadurch frei spielen können. Wird dieses belastete Kind aus der Familie entfernt, z. B. durch Fremdunterbringung bei einer Pflegefamilie, erkrankt das nächste Kind und wird seinerseits zum Symptomträger. Mit anderen Worten: Der seelische Druck der unbewältigten Erlebnisse bahnt sich von Generation zu Generation seinen Weg und staut sich, wo er auf den geringsten Widerstand trifft – also beim schwächsten Glied der Familie. Manchmal ist es auch Zufall, welches Kind am stärksten von einer Belastung getroffen wird – wie eine Gewehrkugel einen verwundet, während die anderen heil davonkommen. Wenn ein Kind als Symptomträger ein belastendes Thema übernimmt, so fließt die negative Energie in das Symptom dieses Kindes, und die Geschwister nehmen ganz andere Rollen ein; sie übernehmen zum Beispiel die Rolle des aktiven Helfers oder Beschützers und können sich dadurch von der leidvollen Erfahrung besser abgrenzen.

Es kann auch sein, dass beim Symptomträger die leidvollen Erfahrungen aus der mütterlichen und der väterlichen Linie zusammenfließen und sich dadurch so potenzieren, dass man unter der Gesamtlast zusammenbricht, während die halbe Last noch erträglich gewesen wäre. Des Weiteren bauen oft viele Generationen Dämme der Verdrängung, um nicht vom Leid überflutet zu werden. Je erfolgreicher sie aber dabei sind, desto mehr fließt zur nächsten Generation ab, sodass es dort schließlich zum Dammbruch kommt und sich gewissermaßen ein ganzer See aus Tränen aus dem Symptomträger ergießt. Umgekehrt entlastet es nicht nur den Symptomträger, wenn er sich in seiner Selbsterfahrung mit seiner Geschichte auseinander setzt: Die Entlastung spüren vielmehr alle Familienmitglieder – und vor allem die nächste Kindergeneration ist dann frei von dem Leid, das in der Therapie bearbeitet wurde.

Zusammenfassend können wir uns also das scheinbar unerklärliche Atreus-Verhalten sehr wohl erklären: Ein Atride übernimmt sein aggressives Verhalten von einer Welt, die voller gewalttätiger Vorbilder ist; er übernimmt die ungelösten Probleme seiner Vorfahren und drückt sie in überzeichneter Form aus – und das oft darum, weil sich diese Probleme über Generationen aufsummiert und potenziert haben. Dass die Gewaltmuster sich von Generation zu Generation verändern, kann Ursache und Wirkung lange verschleiern – so lange, bis uns das Atreus-Verhalten in seiner ganzen Verrücktheit vor Augen tritt.

XVII. Die Agamemnon-Erfahrung: Die Inszenierung des Untergangs

Agamemnon hatte Angst. Er, der mächtigste Held der Antike, fürchtete sich sein Leben lang vor dem Tod. Und er war so sehr von seiner Todesfurcht besessen, dass er alles dazu tat, um den Tod herbeizuführen. Dabei prägte diese Angst sein Leben so stark, dass es mit seinem eigenen Tod allein nicht getan war: Er riss ganze Völker mit in den Untergang; er war der große Choreograph der Vernichtung.

Wovor konnte er sich fürchten, der mächtigste Mann der Griechen, der große Heerführer, dem sich alles unterzuordnen hatte, vor dem die tapfersten Männer niederknieten? Sicher, es war vorherzusehen, dass Agamemnon nicht eines friedlichen Todes sterben würde. Ein Heldentod auf dem Schlachtfeld mit dem Schwert in der Hand, das war damals für einen Krieger üblich. Aber von der eigenen Frau in der Badewanne erdolcht zu werden – welch unrühmlicher Tod! Davor musste jedem Krieger grausen.

Agamemnon hatte Angst. Nicht vor den Feinden – die würde er besiegen, dessen war er sich sicher. Angst hatte er von frühester Kindheit an vor der eigenen Familie. Er fürchtete sich genau vor dem, was letztendlich dann geschehen ist: zu Hause, dort, wo er Friede und Entspannung suchte, von der eigenen Familie ermordet zu werden.

Und diese Angst ist nicht weiter verwunderlich, denn er wusste, er hatte erlebt, dass das Leben genau so spielt: Vater Atreus, Onkel Thyestes, Großvater Pelops, die Cousins, alle waren sie von der eigenen Familie getötet worden. Großvater war zwar durch ein Wunder gerettet worden – aber an Wunder glaubte längst keiner mehr.

Agamemnon musste also damit rechnen, dass ihm dasselbe widerfahren würde. Und die Angst davor machte ihn so verrückt, dass er alles dazu tat, die Prophezeiung Wirklichkeit werden zu lassen. Er führte sich jedenfalls so auf, dass man ihm am Schluss erschießen musste wie einen tollwütigen Hund: Er tötete seine Verwandten, er vergewaltigte die Frau, in die er sich verliebt hatte, er tötete Kind und Ehemann dieser Frau, er tötete die eigene Tochter Iphigenie. Wer so viel Hass auf sich lädt, darf sich nicht wundern, wenn man am Schluss über ihn herfällt.

Aber Krieger haben doch eher Mordlust als Angst, wo ist denn der Beweis, dass Agamemnons Verhalten durch Furcht gesteuert war? Dieser Beweis liegt in einer scheinbar nebensächlichen Tatsache: Der Blutrausch des Agamemnon und der Untergang Trojas beginnen mit einer Scheidung: Agamemnons Bruder läuft die Frau davon. (Wen wundert es, dass sich die Lust der Frauen, treues Eheweib eines Tantaliden zu bleiben, in Grenzen gehalten hat? Auch heute laufen die Frauen den Männern davon, wenn sie die Nase voll haben.)

Versetzen wir uns nun in die Lage des Agamemnon. Stellen Sie sich vor, Ihr Bruder kommt heulend zu Ihnen, weil ihn seine Frau verlassen hat. (Wenn Sie das nicht schon erlebt haben, haben Sie diese Erfahrung wahrscheinlich noch vor sich.) Und was werden Sie tun, wenn die Frau z. B. mit einem Franzosen durchgebrannt ist? Frankreich den Krieg erklären? Eine höchst verrückte Vorstellung. Nein, Sie werden Ihrem Bruder zuhören, ihn trösten, vielleicht in sein Klagelied einstimmen: „Schau, jetzt hat es dich halt auch erwischt. Geht uns doch allen gleich. Wie uns die Frauen behandeln. Mit nix sind sie zufrieden. Alles haben wir ihnen geboten, Geld, Auto, Haus und Urlaub, und dann nehmen sie sich einen Jüngeren. Wer soll diese Weiber verstehen? Willkommen im Klub der Verlassenen."

Jedenfalls wird ein halbwegs gesund-vernünftiger Mensch eines nicht tun: wegen einer Scheidung einen Krieg beginnen. Sonst hätten sich ja die Mitteleuropäer bei der heutigen Scheidungsrate längst alle ausgerottet. Anders Agamemnon: Die Tatsache, dass eine Frau der Macht ihres

Mannes entkommen könnte, ist so bedrohlich, das er völlig durchdreht. Eine Frau hat ihrem Mann zu dienen und nicht davonzulaufen, und schon gar nicht mit einem Ausländer! Wo kommt dieser Paris her? Aus der Türkei! (Dort liegt Troja nach heutigen geografischen Maßstäben.) Da hört sich wirklich alles auf! Wir werden die Türkei in Grund und Boden stampfen, es wird kein Stein auf dem anderen bleiben!

Psychologen nennen das eine überwertige Reaktion, die in keinem Verhältnis zum Anlass steht. Solche Reaktionen sind ein Zeichen von pathologischer Paranoia. Nur wenn man sich paranoid verfolgt fühlt, kann aus einer so alltäglichen Geschichte wie einer Trennung, von der man nicht einmal selbst betroffen ist, ein Amoklauf werden, den Tausende Unbeteiligte mit dem Leben bezahlen.

Das Wort Amoklauf katapultiert uns in die Gegenwart zurück. Denn offensichtlich gibt es auch heute genügend pathologische Scheidungsreaktionen. Viele verlassene Männer laufen Amok, erschießen ihre Ex-Frauen, töten ihre Kinder – und zuletzt manchmal sich selbst. Auch Frauen sind vor dieser pathologischen Wut nicht gefeit, oft werden Scheidungskinder auch von ihren Müttern getötet, etwa um deren Väter zu treffen. Gewöhnlich aber führen Frauen den Scheidungskrieg lieber mit gerichtlichen Mitteln, versuchen die Väter über Geld und Kinder fertig zu machen. Jeder Familienrichter kann ein Lied davon singen, wie geschiedene Eltern sich noch über Jahre bekriegen und dabei das Wohl ihrer Kinder opfern. Lieblingswaffe ist die Verweigerung des Besuchsrechtes, also das Recht des Kindes, seinen abwesenden Elternteil zu sehen.

Woher kommen diese gehässigen Streitscheidungen? Sind wir alle aggressive Psychopathen geworden? Wenn man Eheleuten in der Scheidungsphase streiten sieht, könnte einem das manchmal so vorkommen: Sie führen sich auf, als wollten sie sich gegenseitig vernichten oder als würden sie gerade durch den anderen vernichtet. Und die Agamemnon-Erfahrung zeigt, dass ebendiese Vernichtungsangst auch die Erklärung für diese Aggression ist.

Dazu ein Beispiel: Eine Frau wird von einem Manne schwanger, den ihre Eltern nicht mögen. Die Frau trägt das Kind, das nach Familienbeschluss ursprünglich abgetrieben werden sollte, schließlich doch aus, heiratet den unerwünschten Schwiegersohn und dieser übernimmt somit auch den Bauernhof der Brauteltern. Die Gehässigkeiten gehen aber weiter, denn für die nunmehrigen Großeltern des Kindes ist der Schwiegersohn bloß ein „dahergelaufenen Taglöhner". Der Mann fühlt sich abgewertet und lässt seine Wut am Sohn aus, den er regelmäßig verprügelt. Dieser Sohn fühlt sich wie er stets missachtet und ungeliebt, auch als er später selbst den Hof übernimmt und heiratet: Er hat das Gefühl, dass seine Frau nur den Hof geheiratet hat und für ihn keine Liebe empfindet. Er rächt sich, indem er seine Frau vergewaltigt und seine Kinder schlägt. Als sich alle so von ihm bedroht fühlen, dass die Frau die Scheidung beantragt, erhängt er sich in der Scheune. Diese seine Selbstvernichtung ist Spiegel des Vernichtungswunsches, der am Beginn seines Lebens gestanden ist. Dieser Mensch hätte nie geboren werden sollen, und jetzt ist er endlich tot. Niemand trauert um ihn und alle sind über seinen Tod erleichtert, denn ohne ihn lässt es sich scheinbar besser leben.

Die Angst vor dem Untergang zeigt sich auch bei jenen, die diesem Untergang knapp entronnen sind. An die Bedrohung werden sie nicht selten durch eine körperliche oder seelische Verstümmelung erinnert, die sie wie ein Mahnmal tragen: Ein kleiner Junge tritt zu Kriegsende auf eine Landmine und verliert bei der Explosion ein Bein. Er ist daraufhin ein Leben lang von Minderwertigkeitsgefühlen geplagt und mit sich unzufrieden. Auch niemand anderer kann ihm etwas recht machen, und als Vater verhält er sich gegenüber seinen Kindern sehr diktatorisch. Nach der Heirat seiner Tochter, als sein Enkelkind einige Jahre alt ist, begeht er Selbstmord. Das negative Vaterbild der Tochter überträgt sich auf den Ehemann, und zwischen beiden beginnt ein sehr schwieriger Scheidungskrieg. Am Ende bleibt ein unglückliches Scheidungskind zurück, das in der Schule durch sein Sozialverhalten zum Außenseiter wird.

Viele der überlebenden Soldaten des Zweiten Weltkriegs waren verletzt oder verstümmelt, oft ist diese Kriegsversehrtheit mit einem bereits angeknacksten Selbstwertgefühl zusammengegangen – und es war für die Söhne dieser Väter nicht leicht, mit den Folgen des negativen männlichen Selbstbildes aufzuwachsen: Folgen, die sich nicht selten in Abwertung, Kritik, Negativismus und Destruktivität äußerten. „Dem Vater kann ich sowieso nichts recht machen, der findet alles nur schlecht", war ein verbreitetes Empfinden der Kinder der Nachkriegszeit.

Viele der Überlebenden waren innerlich gebrochen und seelisch zerstört. Sie hatten in Krieg und Gefangenschaft so viele Schrecken erlebt, dass sie innerlich wie tot waren. In einer depressiven, apathischen Stimmung funktionierten sie zwar äußerlich, waren aber unfähig, ihre Gefühle zuzulassen und zu Frau und Kindern in eine lebendige Beziehungen zu treten. Sie fielen als Väter aus, die Kinder durften sie nicht fordern, nicht mit ihnen spielen, mussten ständig Rücksicht nehmen auf die Depression des Vaters. Viele Kinder lernten dabei, dass Lebendigkeit und Spontaneität nicht lebbar sind und übernahmen diese apathische Grundhaltung oder auch das negative Selbstbild.

Oft ist der seelische Schmerz dieser Überlebenden erst nach Jahren oder Jahrzehnten hervorgebrochen, manchmal in körperlichem Zusammenbruch, psychosomatischen Krankheiten, Krebs, Herzinfarkt oder frühem Tod. Wir wissen, dass der zu frühe Tod eines Elternteils an sich ein großes Trauma für die Kinder darstellt und über Generationen ein Muster von Tod und Verlust prägen kann. Dieser Tod bricht wie ein Schicksalsschlag über die Familie herein, und die Schuldfrage ist dabei meist obsolet. Nun sehen wir aber gerade bei der Kriegsgeneration, dass der frühe Tod oft die logische Folge der seelischen Verstümmelung durch die Gewalterlebnisse des Krieges ist. Wir können also vermuten, dass der Zusammenhang zwischen Gewalterleben und frühem Tod vielleicht sehr viel größer ist, als bis jetzt empirisch nachgewiesen werden konnte.

Manchmal führte die seelische Verstümmelung direkt zum seelischen Zusammenbruch, der die Einweisung in die Nervenklinik zur Folge haben konnte. Und solche Krisen der Väter brachten natürlich auch Familienkrisen mit sich. Gerade für Jugendliche, die einen starken Widerpart brauchen, um selbstständig werden zu können, hatte der Zusammenbruch des Vaters seelische Folgen. Viele flüchteten zu früh aus dem Elternhaus, weil sie die Stimmung dort nicht mehr aushielten. Auch die so genannten Ablösungsdepressionen der Jugendlichen hatten oft mit den latenten oder manifesten Depressionen ihrer Eltern zu tun.

XVIII. Die Klytämnestra-Erfahrung: Sexuelle Gewalt

Am Beginn der Ehe Agamemnons und Klytämnestras stand eine Vergewaltigung. Klytämnestra war bereits verheiratet und hatte ein Kind, als Agamemnon sich in sie verliebte. Agamemnon löste das Problem auf seine Weise: Er erschlug kurzerhand Mann und Kind der Klytämnestra und vergewaltigte sie im Blut der Erschlagenen.

Wie soll eine Frau ihren Vergewaltiger lieben? Vergewaltigte Frauen tragen den Schmerz dieser Schande oft ein Leben lang unverarbeitet mit sich herum, weil sie auf kein Verständnis einer Umwelt hoffen können, die meist das Opfer eher straft als den Täter. Wenn aus der Vergewaltigung ein Kind hervorgeht, verschärft sich das seelische Trauma – und das nicht erst, seit Vergewaltigung ein Mittel so genannter ethnischer Säuberung ist.

„Versteckt die Frauen, die Russen kommen", so hallte es bei Kriegsende durch Ostösterreich. Die Vergewaltigung von Frauen zählt seit Jahrhunderten zum „Recht" der Sieger und wurde nicht erst in den 90er-Jahren vom serbischen Regime als systematisches Mittel der Kriegsführung entdeckt. Auch unter den Diktaturen Lateinamerikas waren inhaftierte Frauen Opfer der Folterknechte. Wo immer durch extreme Machtverhältnisse Frauen von Männern abhängig waren, waren sie sexuellen Übergriffen schutzlos ausgeliefert.

Noch zu Beginn des 20. Jahrhunderts waren die Tagelöhnerinnen auf den Bauernhöfen und die Dienstmädchen in den Herrschaftshäusern über weite Strecken Freiwild für die Übergriffe der Männer. Wenn dann aus einem solchen Seitensprung eine Schwangerschaft resultierte, wurde oft eine Ehe zwischen den Dienstboten arrangiert oder erzwungen und das ledige Kind einem vom Dienstherrn abhängigen Angestellten untergeschoben. Und im „jus primae noctis" des Mittelalters, also dem Recht des Lehensherren, die Hochzeitsnacht mit all seinen untergebenen Frauen zu teilen, ist diese sexuelle Unterdrückung sogar in eine legale Form gebracht worden.

Die Rechtlosigkeit der Frauen in patriarchalischen Systemen über Jahrhunderte, ja Jahrtausende lässt vermuten, dass diese Formen sexueller Gewalt nur die Spitze eines Eisbergs darstellen. Daraus folgt aber auch, dass über Jahrhunderte Sexualität nicht als Lust, sondern als Gewalt erlebt worden ist. Es scheint daher folgerichtig, die sexuellen Probleme, die heute zwischen Paaren so weit verbreitet sind, daraufhin zu untersuchen, ob sie nicht Folgen von seit Generationen überlieferten sexuellen Gewaltmustern sind. Auch die Tatsache, dass heute noch Millionen Frauen in Afrika der äußerst schmerzhaften und lebensgefährlichen weiblichen Kastration, der Entfernung der Klitoris und der Schamlippen, unterworfen werden, zeigt, dass die Belastung der Sexualität durch Gewaltmuster weiterbesteht. Wie ja auch die über Jahrhunderte übliche Kas-tration von Männern belegt, dass die sexuelle Potenz ein beliebtes Angriffsziel von Gewalt darstellt. (Darüber kann nicht hinwegtäuschen, dass das Eunuchentum im chinesischen Kaiserreich oder im türkischen Sul-tanspalast ausgezeichnete Karrierechancen eröffnet hat.) In den unbewussten Familienmustern jedenfalls lebt diese Verquickung von Sexualität und Gewalt fort und wird von Generation zu Generation weitergegeben. Dass das Thema des sexuellen Missbrauches in den letzten Jahrzehnten quasi aus heiterem Himmel zum Diskussionspunkt in unserer Kultur geworden ist, überrascht vor diesem Hintergrund nur auf den ers-ten Blick. Es verwundert nicht, wenn sich die Missbrauchstäter gewissermaßen in einer guten Tradition sehen und damit im Recht fühlen. Der Stärkere darf Sexualität erzwingen: Wenn das über Jahrhunderte üblich gewesen ist, so ist es nicht verwunderlich, wenn Täter, die als Kind selbst Opfer von sexuellen Übergriffen waren, auf die Idee kommen, sich dieses Recht nun selbst zu nehmen und die Abhängigkeit von ihnen anvertrauten Kindern auszunützen. Und wenn noch dazu Sexualität etwas ist, worüber man nicht spricht, was einem kollektiven Tabu unterliegt, so können sich im Dunkel dieser kollektiven Verdrängungsprozesse sexuelle Gewaltmuster umso besser ausbreiten und fortpflanzen. Die sexuelle Ausbeutung von Kindern und anderen Abhängigen, etwa Behinderten, geschieht dabei oft unbewusst und unreflektiert – eben deshalb, weil sexuelle Gefühle in der Öffentlichkeit nicht thematisiert werden können.

Das Ideal der romantischen Liebe, die Sexualität nur als heiliges Sakrament zulassen will, bringt Menschen mit sexuellen Problemen in umso größeren Zwiespalt. Wie sollen sie die Gefühle von Ekel und Abscheu thematisieren, wo sie offiziell doch nur geliebt werden? Betrachten wir jedoch die Praxis der sexuellen Ausbeutung von Frauen und Kindern in der Dritten Welt, Prostitution und Kinderstrich in Thailand, den Philippinen, Brasilien usw., dann sehen wir, dass sexuelle Ausbeutung gang und gäbe ist und eher zu- als abnimmt. Wenn wir mit Wilhelm Reich der Ansicht sind, dass das sexuelle Erleben ein wesentliches Medium ist, um Lebensfreude, Selbstbewusstsein und Selbstverwirklichung zu erlangen, dann ist klar, dass der Kinderstrich in vielen Städten der Welt unermesslichen Schaden in den Persönlichkeiten der jungen Menschen anrichtet. Die Abspaltung des Lustempfindens, die durch das Christentum betrieben wurde, wirkt besonders makaber, wenn man weiß, dass es u. a. die Kirchenfürsten in Mittelalter und Renaissance gewesen sind, die die sexuelle Ausbeutung in massiver Form betrieben haben. So war die Prostituiertendichte im Rom der Renaissance weltweit am größten, weil allgemein bekannt war, dass der Bedarf der Bischöfe und Kirchenfürsten einen enormen Umsatz garantierte.

Die Verquickung von Sexualität und Macht lebt auch in verschiedenen sadomasochistischen Praktiken fort, die auf viele Menschen eine große Faszination ausüben. Das vielleicht auch deshalb, weil über viele Jahrhunderte die Verknüpfung von beidem praktiziert und damit unbewusst konditioniert worden ist. Es erstaunt nicht, dass die Geburtsstunde der Tiefenpsychologie mit Freuds Entdeckung des sexuellen Missbrauchs als Ursache der Hysterie bei Frauen einhergegangen ist. Dass Freud unter den wütenden Angriffen seiner Zeitgenossen Angst vor seiner eigenen Entdeckung bekam und den erlebten Missbrauch als erotische Fantasie der Frauen wegzuerklären suchte, tut der Bedeutung dieser Tatsache keinen Abbruch. Jedem Straßenkind in Rio de Janeiro, Bangkok oder Manila ist klar, dass es seinen Körper an Mächtige verkaufen und sein Lustempfinden opfern muss, um in einer ausbeuterischen Gesellschaft materiell überleben zu können. Das geschieht heute tagtäglich und war über Jahrhunderte in vielen Kulturen üblich. Es verwundert also nicht, wenn wir in unserem Körperempfinden die Angst gespeichert haben, dass Lust und Ausbeutung miteinander gekoppelt sind.

Die Verquickung von Sexualität, Macht und Gewalt – dazu ein Beispiel: Ein Dienstmädchen verliebt sich in den jungen Herren und erwartet von ihm ein Kind. Als die alte Gräfin davon erfährt, wird das Dienstmädchen schnell mit einem Untergebenen verheiratet, der sich fortan auch um das Kind, das nicht sein eigenes ist, kümmern muss. Diese Ehe ist ohne Liebe, das erste eheliche Kind wird in eine Atmosphäre der Lieblosigkeit hineingeboren – und bleibt ein Leben lang ein schwieriger Mensch, der seine Kinder mit Gewalt und Schlägen erzieht und damit unbewusst die selbst erlebte Lieblosigkeit an die nächste Generation weitergibt. Und diese nächste Generation hat wiederum erhebliche Partnerprobleme – womit das Bild der lieblosen Ehe wieder an die Oberfläche kommt.

Die Erfahrung der Klytämnestra beinhaltet aber nicht nur die sexuelle Gewalt, sondern auch die Entwertung der Liebe zu ihrem ersten Mann, den sie wirklich geliebt hat und der ihr durch Mord genommen wurde. Finden sich solche gewaltsamen Trennungen auch in unseren Familiengeschichten und sind sie vielleicht gar eine Erklärung für die oft gewalttätigen Scheidungskriege unserer Zeit?

„Der Mann musste sich von seiner Frau trennen, weil sie Jüdin war. Vor die Alternative gestellt, mit der Frau gemeinsam vertrieben zu werden und alles zu opfern oder sich eine deutsche Frau zu suchen, tat er Letzteres und heiratete ein zweites Mal." Solch nüchterne Tatsachen kann man in Berichten von Zeitzeugen immer wieder lesen, sie waren gängige Praxis, etwa im Fall des Filmschauspielers Heinz Rühmann. Was stecken aber für Gefühle hinter solchen Fakten? Ein Mensch entschließt sich, seinen Partner zu verstoßen, sich von ihm loszusagen, obwohl er ihn vielleicht sehr geliebt hat oder noch immer liebt. Welche Spuren hinterlässt so eine Geschichte in den Seelen der Menschen und ihrer Nachkommen?

Liebe ist kein Argument in den Augen der Macht – Liebe, das ist Gefühlsduselei, hat keine Bedeutung im Vergleich zu den 0,001 Prozent an genetischem Unterschied, der einen Arier (vielleicht) von einem Nicht-Arier unterscheidet. Und wenn die Angst vor der Macht groß genug ist, wird die Liebe leicht verraten.

Wenn die Liebe zwischen Mann und Frau aber so wenig wert ist, darf man sich nicht wundern, dass das Vertrauen in sie so leicht erschüttert werden kann. Viele Generationen von Liebespaaren haben die Erfahrung gemacht, dass die Macht der Liebe sehr begrenzt ist, wenn man zwischen die Fronten von Hass und Gewalt gerät. Bis zur Generation unserer Eltern hat es völlig ausgereicht, zur protestantischen bzw. zur katholischen Konfession zu gehören, um eine Heirat unmöglich zu machen. Bei den jahrhundertelangen Kriegen zwischen Katholiken und Protestanten und der Vertreibung der meisten Protestanten aus Österreich im Zuge der Gegenreformation hatte sich so viel Hass zwischen den Konfessionen aufgestaut, dass es für ein junges Paar nicht leicht war, diesen Hass zu überwinden. Würden die Eltern des Protestanten zustimmen, dass das Enkelkind katholisch getauft wird? Damals war es wahrscheinlicher, dass die Eltern auf beiden Seiten alles tun würden, um das Liebesglück des Paares zu hintertreiben und diese unerwünschte Liebe zu entwerten. Wie in vielen anderen Fällen würde die Liebe verraten werden. Das wäre bald vergessen, wenn man mit einem anderen Partner glücklich würde. Manchmal aber hinterlässt der Verrat an der Liebe eine giftige Wunde im Herzen der Getrennten: Der erste Geliebte, den man nicht haben durfte, weil er eine verbotene Liebe war, wäre ja vielleicht doch der einzig Richtige gewesen. Und der spätere Partner, den man dann heiratet, hat nie eine Chance gegen diese Idealisierung des geheimen, verbotenen Geliebten.

Ähnliche Frontlinien verlaufen in Bosnien heute noch zwischen katholischen Kroaten, orthodoxen Serben und islamischen Muslimen. Interkonfessionelle Heiraten sind, wenn nicht tabu, so doch zumindest schwierig. Wenn sie aber stattfanden, fanden sich die Ehepaare im Bosnienkrieg der 90er-Jahre zwischen den Fronten. Nun bringt es die Dynamik des Krieges aber mit sich, dass sich die Volksgruppen sehr wohl vermischen und aufeinandertreffen – sei es als Besatzer und Besetzte, als Verbündete oder Feinde. Die Liebe zwischen Mann und Frau ist so ohne Grenzen, dass immer wieder Verliebtheit passiert, wo es nicht erwünscht ist, Verliebtheit, die dann sehr oft zur Liebe wird, deren Realisierung nicht möglich scheint. Nicht umsonst ist das berühmteste Stück von William Shakespeare die Geschichte von Romeo und Julia, die Geschichte einer Liebe zwischen den Fronten zweier verfeindeter Familien. Diese Geschichte endet mit dem Tod der Liebenden, doch nicht selten enden ähnliche Romanzen mit dem Tod der Liebe. Die Botschaft, die viele Liebende in solchen Situationen verinnerlichen, könnte man so umschreiben: „Scheidung muss sein, Trennung ist die einzige Lösung. Verrate deine Familie nicht, bleib bei uns und verlass deinen Partner."

XIX. Die Elektra-Erfahrung: Verlorenes Vaterland

Elektra trauert um den verlorenen Vater. Sie trauert um all die verlorenen Möglichkeiten, etwas mit dem Vater tun, ihn lieben, an seinem Leben teilhaben, seinen Geschichten lauschen zu können. Sie trauert um das verlorene Du, um das Liebesobjekt ihrer Kindheit. Die Seele ist ein weites Land, und der Vater verkörpert dessen männlichen Teil. Mit dem Vater verliert Elektra die eine Hälfte ihres Seelenlandes.

Die Realität

Der Verlust des Vaters macht Elektra vor Schmerz wahnsinnig und sie bricht deshalb mit ihrer Mutter, der Mörderin. Sie verliert damit den Kontakt zu ihren weiblichen Wurzeln und zur weiblichen Welt ihrer Mutter. Die Mutter verkörpert die andere Hälfte des Seelenlandes. Indem Elektra mit ihrer Mutter bricht, hat sie ihr ganzes Land verloren. Heimatlos geworden, bleibt ihr nur die Rache.

Heimatlosigkeit ist aber nicht Elektras Kummer allein. Die Heimatlosigkeit, der Verlust der eigenen Wurzeln, ist eine Seuche des 20. Jahrhunderts. Und die Ursache dieser Seuche liegt im Verlust der Heimat, im verlorenen Vaterland.

Während des Krieges und besonders zu Kriegsende wurden Millionen Europäer aus ihrer angestammten Heimat vertrieben. Allein zwölf Millionen Deutsche mussten aus den ehemaligen deutschen Ostgebieten flüchten, um zum Beispiel den Polen Platz zu machen, die ihrerseits wieder von Stalin aus den polnischen Ostgebieten vertrieben worden waren. Aus der Sowjetunion wurden ganze Völkerschaften nach Sibirien deportiert, so die Krimtataren, die Wolgadeutschen, die Tschetschenen und alle anderen Völker, die im Verdacht standen, mit der Deutschen Wehrmacht kooperieren zu wollen oder sonstwie gegen den Kommunismus zu sein. Noch Jahre nach Kriegsende flüchteten Ostdeutsche, Siebenbürger und andere so genannte Reichsdeutsche aus den Ostgebieten, um dem Kommunismus zu entkommen. Die Vertreibung aus den Sudetengebieten, aus Schlesien, Pommern und Ostpreußen ging sehr gewaltsam vor sich, weil sich die von den Deutschen unterdrückten Völker nun für das von den Nazis erlittene Unrecht rächten. Diese zwölf Millionen vertriebenen Deutschen wurden in Westdeutschland und Österreich aufgenommen. Und weil die Vertriebenen oft Einheimische geheiratet und inzwischen Kinder und Enkelkinder bekommen haben, ist die Zahl der Menschen, die dem Thema Vertreibung als Familienmuster folgen, etwa dreimal so groß wie die ursprüngliche Zahl der Vertriebenen. Es verwundert daher nicht, wenn das Muster der Vertreibung und des Heimatverlustes sehr oft in den psychotherapeutischen Praxen auftaucht – aus der hier wieder einige Bespiele gebracht werden sollen.

Eine Familie mit vielen Kindern muss zu Kriegsende unter dramatischen Umständen aus Pommern flüchten. Der Vater schickt Frau und Kinder voraus und will später nachkommen, um inzwischen noch das Nötigste auf dem Bauernhof zu regeln. Er bleibt verschollen und kommt unter ungeklärten Umständen zu Tode; die Familienmitglieder vermuten, dass er von Polen oder Russen erschlagen worden ist. Der Verlust der Heimat und der ungeklärte Tod des Vaters müssen rasch vergessen werden, denn es gilt, in der neuen Heimat das Überleben zu sichern. Die

Entwurzelung wirkt aber fort – so übersiedelt etwa einer der Söhne immer wieder, nur um jede neue Heimat, die er sich aufbaut, aufs Neue zu verlassen. Das Leben der Enkel ist durch diese ständigen Übersiedlungen geprägt, wodurch auch sie jedes Mal den Schmerz des Heimatverlustes erleiden. Sie bleiben ruhelos, wechseln ständig die Arbeitsplätze, tun sich schwer, eine soziale Heimat zu finden. Einige Enkel bekommen später selbst keine Kinder, um diesen Schmerz nicht weitergeben zu müssen, andere leiden an depressiven Stimmungen.

Eine Familie wird zu Kriegsende aus dem Sudetenland vertrieben. Der Verlust ist umso größer, als ein großes Haus und eine Fabrik zurückgelassen werden müssen. Auch hier stirbt der Vater unter mysteriösen Umständen, weil er es nicht übers Herz bringt, seinen Besitz zu verlassen. Die Tochter hat selbst viele Kinder, jedoch erliegt bald eines dieser Kinder einer nicht erkannten Kinderkrankheit. Schmerz und Verlust bleiben ein Leben lang die Grundstimmung dieser Frau, und diese Grundstimmung gibt sie an ihre Kinder weiter. Obwohl alle nach außen hin erfolgreich sind und beruflich gut funktionieren, sind viele Angehörige der dritten Generation kinderlos, andere kämpfen mit psychosomatischen Krankheiten.

Die Tochter einer Flüchtlingsfamilie wird zu Kriegsende von einem Mann schwanger, den sie nicht liebt. Auf Grund der Unsicherheit und der eben durchlebten Angst auf der Flucht heiratet sie diesen ungeliebten Mann aber dennoch. Sie bleibt ein Leben lang in dieser Ehe unglücklich; und sie macht ihre erstgeborene Tochter, die der Anlass dieser Heirat gewesen ist, ein Leben lang für ihr Unglück verantwortlich. Wäre diese nicht geboren worden, dann hätte die Mutter ja nach Amerika auswandern und mit einem anderen Mann glücklich werden können. Diese Tochter erleidet schließlich einen depressiven Nervenzusammenbruch. Einige Enkelkinder nässen ein, wobei das Bettnässen symbolisch für die ungeweinten Tränen steht, die von vielen Familienmitgliedern geweint werden müss-ten, um den Schmerz über den Verlust von Heimat und verlorenen Möglichkeiten überwinden zu können. Als die Tochter in ihrer Psychotherapie langsam über das Gefühl hinwegkommt, es ihren Eltern nie recht machen zu können, verschwindet ihre Depression und die Betten der Kinder bleiben trocken.

XX. Die Iphigenie-Erfahrung: Geopferte und entführte Kinder

Iphigenie wird von ihrem Vater geopfert. Sie ist ein Beispiel dafür, dass das Leben eines Kindes nichts wert ist im Vergleich zu Erwachsenenzielen wie Ruhm, Besitz und Machtstreben. Wenn die Ehre der Familie auf dem Spiel steht, muss eben ein Kind daran glauben. Wenn sich Familien bedroht fühlen, opfern sie nicht selten das Wohl eines Kindes, das dann weggegeben, benutzt, unterdrückt, verkauft wird oder sich als Lohnsklave verdingen muss. Viele Kinder sind auch bereit, sich für das Familienganze zu opfern, wenn sie spüren, dass das von ihnen erwartet wird, oder glauben, dass ihr Opfer die Familie retten kann.

Iphigenie ist aber auch ein entführtes Kind. Sie überlebt zwar, aber sie wird ihrer Mutter geraubt, die nicht weiß, was mit ihrer Tochter geschehen ist. Und wie wir noch sehen werden, ist die Ungewissheit über den Verbleib eines geraubten Kindes für Eltern manchmal schlimmer als die Gewissheit des Todes.

Iphigenie erleidet also ein sehr typisches Kinderschicksal. Der Weg der Mächtigen ist gepflastert mit Millionen geraubter Kinder. Das glauben Sie nicht? Dann betrachten wir doch einige geschichtliche Fakten:

Die Macht des türkischen Sultans, vor der Jahrhunderte lang ganz Europa erzittert hat, beruhte auf der Kampfkraft der Elitetruppe der Janitscharen. Diese waren Christenkinder, die in jungen Jahren ihren Eltern geraubt und zum Dienst in der türkischen Armee erzogen wurden. Die Janitscharen zeichneten sich durch besondere Grausamkeit und Brutalität aus. Sie hatten den Schmerz ihres Elternverlustes und die gewaltsame Trennung von ihren Familien durch die Identifikation mit dem Aggressor, also der türkischen Armee, verdrängt. Sie wurden genauso gewalttätig wie diejenigen, die ihnen die Gewalt der Trennung von ihren Familien angetan hatten.

Seit Jahrtausenden haben Mächtige versucht, ihre Macht zu zementieren, indem sie den Unterlegenen ihre Kinder gestohlen haben. Das letzte Beispiel dafür war Nicolae Ceausescu in Rumänien mit seinen riesigen Waisenhäusern, aus denen er die Schergen seiner Securitate rekrutiert hat. Auch Hitler hat versucht, sich in der Aktion Lebensborn ein arisches, genetisch reines Janitscharenheer heranzuzüchten, wobei die jungen Mütter durch die Propaganda dazu gebracht wurden, auf ihre Kinder zu verzichten und sie dem Führer zum Geschenk zu machen – seelische Waisenkinder, die Hitlers Wahnsinn mit dem persönlichen Unglück fehlender Geborgenheit bezahlt haben. Und die Kindersoldaten in Afrika sind ein aktuelles Beispiel für Kindesraub: Dörfer werden überfallen, die Er-

Die Realität

wachsenen massakriert, die Kinder mitgenommen und zu willenlosen Kriegsmaschinen erzogen.

Kinder werden auch oft ihren Eltern unter hehren Motiven geraubt, etwa dem, sie einem höheren kulturellen Niveau zuzuführen. Aktuelles Beispiel dafür sind die Kinder der australischen Aborigenes, die im 20. Jahrhundert systematisch ihren Eltern weggenommen und weißen Eltern zur Adoption gegeben worden sind. Offiziell wurde dies damit begründet, dass sie eine Chance bekommen sollten, in der höherwertigen Kultur der Weißen aufzuwachsen, weil die Kultur der Aborigenes ohnehin als dem Untergang geweiht galt. Unausgesprochen stand freilich die Absicht dahinter, die Kultur der Aborigenes auszurotten und gewaltsam zu assimilieren. Erst in den letzten Jahren haben diese mittlerweile herangewachsenen Adoptiv-kinder entdeckt, dass sie ihren Eltern geraubt worden waren, und es begann für alle Beteiligten ein schmerzhafter Aufarbeitungsprozess. Ähnlich ist es den Kinder von Indianern ergangen, die in Missionsschulen gesteckt und von ihren Eltern getrennt wurden: Auch dabei handelte es sich um Kindesraub unter dem Vorwand, den Kindern in der höherwertigen weißen Kultur eine Bildungschance zu geben. Dass dabei Eltern ihrer Kinder beraubt und Kinder von ihren Eltern getrennt wurden, wird von der überlegenen weißen Kultur weitgehend verdrängt. Man wundert sich nur, dass bei Indianern psychische Krankheiten, Alkoholismus und Depression viel häufiger sind als bei Weißen, wertet dies aber als Ausdruck der genetischen Unterlegenheit dieser Rasse. Der Zusammenhang zwischen dieser „Missionierung", die eigentlich eine Entwurzelung war, und dem psychischen Elend in den Indianerreservaten wird heute durch das „New Indian Movement" thematisiert. Indem diese entwurzelten Kinder zu ihren Ahnen und ihrer Kultur zurückfinden, beginnt die „Indian Nation" langsam, das kollektive Trauma der Indianermassaker und der Zerstörung der indianischen Lebensweise zu verarbeiten, und findet zu neuem Selbst- und Erfolgsbewusstsein, wie es sich unter anderem in vielen gewonnenen Gerichtsprozessen bezüglich Rückgabe von Land (= Rückerstattung von Beutegut), eigener Gesetzgebung, wirtschaftlichem Wohlstand durch Spielcasinos etc. äußert. (Es hat übrigens mehr als ein Jahrhundert gedauert, bis sich hier die Mächtigen bei ihren Opfern entschuldigt haben; jüngst hat die US-Regierung ihr Bedauern über das den Indianern zugefügte Leid ausgesprochen – eine für die Opfer überfällige Rehabilitierung. Vielleicht gewinnt dadurch auch die US-Regierung mehr Glaubwürdigkeit in ihrem weltweiten Kampf gegen Menschenrechtsverletzungen.)

Manchmal ist der Kindesraub zugleich eine Kindeswegleg ung, wobei dann die finanzielle Not als Erklärung herhalten muss. Arme Familien waren oft gezwungen, Kinder zu verkaufen, um ihr materielles Überleben zu sichern und um dem Kind eine Überlebenschance zu sichern: Ein indianisches Dienstmädchen bei einer reichen weißen Familie gibt seinen Sohn dem Dienstherren mit, als dessen Familie in ein anderes Land übersiedelt. Die Frau denkt, dass das Kind als Adoptivkind der Weißen mehr Bildungschancen hat als bei der Mutter in den Slums. Der Sohn wächst bei der weißen Familie heran, erhält eine gute Ausbildung und heiratet in eine weiße Familie. In sich trägt er aber ständig den Schmerz des Mutterverlustes – und erst als die Tochter dieses inzwischen erwachsenen Mannes eine psychosomatische Krankheit entwickelt, kommt die ganze Trauer, die mit dieser Mutter-Kind-Trennung verbunden war, ans Tageslicht und kann verarbeitet werden.

Der Raub der Kinder durch die Mächtigen oder durch die Vertreter einer überlegenen Kultur ist seit Jahrhunderten ein beliebtes Machtmittel. Durch nichts kann man ja Erwachsene mehr schwächen und gefügig machen als durch das Leid ihrer Kinder. Kindesraub schwächt die unterlegene Kultur und erleichtert deren Unterdrückung. Umgekehrt ist er ein sehr wirksames Mittel, um der überlegenen Kultur rasche Ausbreitung zu sichern. Hitlers Idee der Verbreitung arischer Gene durch Arisierung von geeigneten Untermenschen gilt heute als die Idee eines Verrückten. Ähnliches aber hat bei der Europäisierung des amerikanischen Kontinents durchaus stattgefunden. Und wenn man sich fragt, wohin die Khoisanstämme Ostafrikas, die drawidische Urbevölkerung Indiens und die Neandertaler Europas entschwunden sind, so scheint es untersuchenswert, ob nicht auch in fernerer Vergangenheit ähnliche Mechanismen wirksam gewesen sind.

Das Thematik des Kindesraubs kommt oft an die Oberfläche, wenn Kinder aus verwahrlosten Familien ins Heim eingewiesen werden. Trotz bester Absichten von Jugendämtern und Familienrichter, trotz der Tatsache, dass Leben und Wohl des Kindes bei seinen Eltern manchmal tatsächlich gefährdet und die Eltern erziehungsunfähig sind, reagieren Mütter, denen die Kinder durch Zwangsmaßnahmen weggenommen werden, mit Empörung: Das Amt will ihnen die Kinder rauben. Obwohl sie sich vielleicht jahrelang wenig um ihre Kinder gekümmert haben, setzen sie nun, weil das Kind in einem Heim oder auf einem Pflegeplatz untergebracht ist, Himmel und Hölle in Bewegung, um es zurückzubekommen. Die Zeitung wird eingeschaltet, andere Ämter werden mobilisiert, Volksanwälte und Politiker sollen intervenieren. Nicht selten gelingt es auch, die amtliche Maßnahme der Fremdunterbringung rückgängig zu machen oder zumindest so zu boykottieren, dass schließlich auch die Pflegeeltern aufgeben und das Kind von Pflegeplatz zu Pflegeplatz wandert – dabei immer schwieriger wird und schließlich als nicht vermittelbar gilt. Schaut man genauer hin, so ist dieser häufige Misserfolg von Unterbringungsmaßnahmen nicht weiter verwunderlich. Denn wie kommt es dazu, dass eine Mutter unfähig ist, sich um ihr Kind zu kümmern und es verwahrlosen lässt? Die Mütter und Väter dieser Kinder waren meist selbst entwurzelte Kindern, sind in Heimen aufgewachsen, stammten aus Flüchtlingsfamilien, wurden oft selbst gewaltsam von ihren Eltern getrennt und konnten so nie lernen, wie man sich als Eltern um seine Kinder kümmert. Das Muster des Kindesraubs oder der Kindesweglegung ist oft der Ursprung der Verwahrlosung, die sich dann von Generation zu Generation fortpflanzt – und manche sozial schwache Familien sind den Jugendämtern denn auch seit Generationen bekannt. Weil die Fremdunterbringung von verwahrlosten Kindern oft nur eine Wiederholung des ursprünglichen Trennungstraumas bedeutet, ist der Erfolg der Heimunterbringung in der Vergangenheit äußerst begrenzt gewesen. Heute sind die Jugendämter deshalb viel vorsichtiger mit solchen Trennungsmaßnahmen und suchen eher, die Eltern in ihrer Elternrolle zu unterstützen, soweit dies möglich ist.

XXI. Die Chrysothemis-Erfahrung: Die Entwertung des Selbst

Chrysothemis passt sich an. In einer gefährlichen Welt aus Mord und Totschlag scheint es ihr am sichersten, sich möglichst unauffällig zu verhalten. Sie geht in Deckung, indem sie die Erwartungen ihrer sozialen Umwelt perfekt erfüllt, ohne eigene Konturen zu zeigen. Um ihr Überleben zu sichern, opfert sie ihr inneres Selbst, den eigenen Willen, den eigenen Weg. Sie erfüllt den Willen ihrer gewalttätigen Mutter – ohne Fragen zu stellen und ohne sich eine Kritik zu erlauben.

Wir könnten sagen, Chrysothemis begeht Verrat an sich selbst. Wenn ein Mensch nicht auf seine Empfindungen, auf seine innere Stimme hören kann – und sich so auch niemand für seine Meinung interessiert –, dann wird dieses Selbst entwertet. Der Mensch leidet an innerer Entfremdung und wird unecht.

Warum lässt Chrysothemis diese Entwertung zu? Warum wehrt sie sich nicht? – Ganz einfach: Sie hat Angst und kennt es nicht anders. Sie hat mehrmals erfahren, wie wertlos ein Menschenleben ist. Sie muss damit rechnen, ebenso geopfert zu werden wie ihre Schwester Iphigenie. Sie weiß, dass selbst das Leben der mächtigsten Helden nicht sicher ist – um wie viel schneller wird daher ein Leben weggeworfen, das keinen sonderlichen Wert hat, das sich durch nichts Besonderes auszeichnet: Wertlosigkeit ist lebensbedrohlich.

„Jud Süß", der „falsche" Zigeuner, der slawische „Untermensch", „lebensunwertes" Leben, der nordische „Übermensch" – das Menschenbild der faschistischen Ideologie ist voller Vorstellungen von hie einer kleinen rassisch reinen Elite und hie den vielen Angehörigern anderer, minderwertiger Gruppen. In der Zeit des Dritten Reiches sind so Millionen von Kindern in einem Erziehungs- und Sozialsystem aufgewachsen, in dem sie die Abwertung und Entwertung ihrer Persönlichkeit erfahren haben. Nur wer über bestimmte Eigenschaften wie nordisches Aussehen, Intelligenz, Härte, Schneidigkeit und Sportlichkeit verfügte, hatte eine Chance: „Flink wie Windhunde, zäh wie Leder und hart wie Kruppstahl" – das war erwünscht; andere Fähigkeiten – soziales Einfühlungsvermögen, Kreativität oder Originalität etwa – zählten nicht. Und wer nicht in das herrschende Klischee passte, musste mit Demütigungen rechnen, wurde bloßgestellt, gequält – und getötet.

Die Diktatoren (nicht allzu) ferner Zeiten haben ihre Herrenmenschenideologien auf der Vorstellung der edlen Geburt gegründet. Wer zufällig in einen Aristokratenhaushalt geboren wurde, war kraft seiner Geburt mehr wert als das Kind eines Bürgers oder eines Arbeiters. Wer der herrschenden Gruppe angehört, muss intelligenter und wichtiger sein als ein Angehöriger der breiten Masse – ob es sich bei der herrschenden Gruppe um Adelige, um Angehörige einer bestimmten Partei oder um Deszendenten eines bestimmten Genpools handelt. So angenehm diese Aufwertung für die Angehörigen der zufällig gerade herrschenden Elite ist, so schlimm ist die Abwertung, die damit zugleich den Großteil der Bevölkerung trifft. Und weil das Selbstbewusstsein der breiten Masse unweigerlich zur Entmachtung der herrschenden Partei führt, setzt jede diktatorische Gewaltherrschaft eine Fülle von Abwertungsmechanismen in Gang, um dieses Selbstbewusstsein der Basis möglichst klein zu halten.

Angesichts der Tatsache, dass die meisten Psychotherapien in Österreich aufgrund von Minderwertigkeitsgefühlen und Selbstwertproblematiken aufgesucht werden, ist die Vermutung, dass ein Zusammenhang zwischen der Entwertungsmaschinerie des Dritten Reiches und den Selbstwertproblemen der heutigen Österreicher besteht, nicht von der Hand zu weisen. Der gelernte Österreicher weiß instinktiv, dass nahezu jede Eigenschaft – falsche Gene, südliches Temperament, braune Augen, gekrümmte Nase, dunkle Haare, „falsche" Sprache, „falsche" Interessen – dazu führen kann, das Opfer einer Abwertung zu werden. Das Notensystem unserer Schulen, das einseitig bestimmte Begabungen positiv bewertet und andere Begabungen ignoriert, kann zur Verfestigung dieser Abwertung führen. Und Intelligenztests, wie sie bis vor kurzem auf der einseitigen Erfassung von abstrakt-logischen Fähigkeiten beruht haben, sind ebenfalls ein höchst probates Mittel, um die Aufspaltung in wertvolle und wertlose Menschen zu verfestigen.

Gerade bei Konflikten im Schulbereich spielt die Angst vor Abwertung eine große Rolle. Wenn beispielsweise ein Kind in die Sonderschule eingewiesen werden soll, wird das von schulischer Seite gern mit den größeren Förderungsmöglichkeiten für das bedürftige Kind begründet. Die Eltern wehren sich aber oft vehement gegen die Sonderschule, weil sie sie als Abstempelung ihres Kindes erleben. Analysiert man diese Ängste, so zeigt sich, dass sich manche Familien seit Generationen in ihrer Leistungsfähigkeit abgewertet fühlen und dass hinter dem schulischen Problem des heutigen Kindes ein Schultrauma eines Elternteils steht. Viele Eltern erleben die Schule nicht als den Ort der bestmöglichen Förderung ihres Kindes, sondern fürchten im Gegenteil, dass in dieser Institution die Schwächen ihres Kindes ihm jegliche Chance für die Zukunft rauben könnten. Für die Lehrer sind das nicht selten „schwierige" Eltern, deren Protest und Widerstand den Schulalltag erschwert. Der zeitgeschichtliche Rückblick auf ihre einschlägigen Erfahrungen aber macht die Ängste dieser Eltern verständlich und kann so zur Lösung mancher Schulkonflikte beitragen.

Auch heute ist es oft schwirig bis unmöglich, sein Kind in einen bestimmten Schultyp zu schicken, wenn es nicht einen bestimmten Notendurchschnitt hat und bestimmte Aufnahmeprüfungen besteht. Studenten leiden unter Prüfungsängsten, und jeder Zweite beendet sein Studium nicht – bekanntlich hat Österreich im europäischen Vergleich eine der niedrigsten Akademikerquoten. In all diesen Situationen ergibt sich jede Menge an Gelegenheit, um ein Misserfolgskonzept zu erlernen, das sich dann subjektiv in einem negativen Selbstwertgefühl äußert. Diese erlebten (oder auch nur fantasierten) Abwertungen gehen dann im Berufsleben weiter, in dem sich viele ebenfalls als nicht geschätzt und wertlos erleben. Ein großer Teil der psychotherapeutischen Arbeit widmet sich, wie gesagt, Menschen, deren Minderwertigkeitsgefühl zu neurotischen und psychosomatischen Symptomen geführt hat – ein Mechanismus, den Alfred Adler schon vor langem aufgezeigt hat. Es wäre also zu überprüfen, ob nicht das Konzept des wertlosen „Untermenschen" nach wie vor unterschwellig durch unsere sozialen Bewertungssysteme geistert. Jedenfalls lassen sich in den Einzelschicksalen oft real stattgefundene Abwertungen als Ursachen der Selbstwertprobleme feststellen.

Besonders Eltern behinderter Kinder müssen sich mit dieser Angst vor

Abwertung auseinander setzen. Dabei muss das Gefühl, als Eltern versagt zu haben, bewältigt werden – eine Aufgabe, die an sich schwierig genug ist. Wenn dann aber Sätze fallen wie „Unterm Hitler hätte es so was nicht gegeben", ist das Konzept des lebensunwerten Lebens sehr schnell wieder da und lässt die mühsame Erziehungsaufgabe der Eltern als sinnlos erscheinen. Und wenn die Eltern aufgeben und ihr Kind innerlich fallen lassen, können durch die Störung der Eltern-Kind-Beziehung sekundäre Behinderungen entstehen, die keineswegs hirnorganischer Natur sind und somit teilweise reversibel wären.

Eltern aber, die sich auf ihr behindertes Kind einlassen, erleben neue sinnstiftende Dimensionen, die den Wert dieses besonderen Kindes erst gar nicht in Frage stellen. Der Trauerforscher Jorgos Canacakis – der seinen behinderten Sohn als seinen besten Lehrer in Sachen Trauer bezeichnet hat – macht in seinen Büchern deutlich, wie wertvoll jedes Leben ist und wie behinderte Kinder oft sehr sinnvolle Entwicklungen in ihrer Umwelt auszulösen vermögen – eine Vorstellung, die ja auch unserem christlichen Hintergrund entspricht.

XXII. Die Orestes-Erfahrung: Die böse, tote Mutter

Orest ist in mehrfacher Hinsicht ein Waisenkind: Mit zwei Jahren verlässt ihn der Vater; mit zwölf Jahren verliert er ihn endgültig durch Mord und gleichzeitig die Mutter durch Trennung; mit zweiundzwanzig Jahren tötet er die Mutter. Dann wird er wahnsinnig. Es ist klar, dass eine solche Kindheit nicht ohne Folgen für die Seele bleibt – und die Krankenblätter der Psychiater sind voll von ähnlichen Geschichten.

Der Verlust des Vaters ist schlimm genug – seine negativen Wirkungen haben wir anhand der Geschichte des Pelops bereits beschrieben. Doch dieser Verlust kann verkraftet werden, wenn auch um den Preis der Verdrängung. Wenn aber auch die Beziehung zur Mutter verloren geht, bricht der Mensch zusammen. Ohne mütterliche Fürsorge ist es schwer, erwachsen zu werden.

Kriege hinterlassen Hunderttausende Waisenkinder, die mutterseelenallein aufwachsen. Der Bombenhagel auf die deutschen Städte hat große zivile Opfer gefordert, und weil die Männer im wehrfähigen Alter an der Front waren, waren die Opfer oft Frauen, darunter viele Mütter von Kindern. Die Kinder waren aufs Land verschickt worden, wo es sicherer war – zurück blieben also jede Menge mutterloser Kinder (die oft auch Vollwaisen wurden, wenn der Vater nicht von der Front zurückkam).

DIE REALITÄT

Das erste SOS-Kinderdorf in Imst in Tirol und die „Pro Juventute Österreich" in Salzburg wurden wegen der großen Zahl an Kriegswaisen, die es nach 1945 gegeben hat, gegründet. Wenn ein Waisenkind in eines der neuen Kinderdörfer kam, dann hatte es noch Glück, denn es erhielt eine liebevolle Ersatzmutter in einem familienähnlichen Verband; Trauer und Schmerz über den schrecklichen Verlust konnten dann einigermaßen heilen. Auch ein Kind, das nach dem Tod der Mutter von einer Tante oder Großmutter aufgenommen wurde, konnte das Leid seines Schicksals vielleicht einigermaßen ertragen. Bei vielen Kindern aber riss der Tod der Mutter eine Lücke, die durch nichts ersetzt wurde. Viele kamen in Kinderheime oder auf Pflegeplätze, wo sie nicht geliebt waren, sondern vielleicht sogar ausgebeutet wurden.

Ein kleines Mädchen verliert die Mutter durch einen Bombeneinschlag, während es bei Verwandten untergebracht ist. Der Vater überlebt und teilt die Kinder auf verschiedene Bauernhöfe auf, weil er zum Kriegseinsatz zurück muss; erst nach Kriegsende holt er seine Kinder zu sich zurück. Dieses Mädchen ist heute Großmutter und hat gemeinsam mit ihrem Mann ein großen Haus gebaut, um alle ihre Töchter und Enkelkinder bei sich behalten zu können. Diese anklammernde Haltung führte zu großen Spannungen mit den erwachsenen Töchtern – und in der Folge entwickeln die Enkelkinder, die diesen Druck spüren, psychosomatische Krankheiten. Schließlich ziehen alle Jungfamilien in eigene Wohnungen – wodurch wieder die alte Frau in eine tiefe Depression verfällt. Schließlich aber beginnt sie, sich innerlich mit dem tiefen Schmerz ihres Mutterverlusts auseinanderzusetzen, den sie durch die symbiotische Beziehung zu ihren Töchtern über Jahre verdrängen konnte. Und bald kann sie sich darüber freuen, dass die Krankheiten ihrer Enkel ausheilen und verschwinden.

Es bleibt noch zu klären, warum die tote Mutter zur bösen Mutter wird, warum der Halbwaise Orest auf die Idee kommt, auch noch den anderen Elternteil zu töten, statt froh zu sein, dass er nicht allein auf der Welt ist. Die psychologische Erklärung dafür liegt in der Trennung von der Mutter: Diese Trennung macht aggressiv. Orest wächst zehn Jahre lang bei Verwandten, also bei Pflegeeltern auf. Pflegekinder fühlen sich oft von der leiblichen Mutter im Stich gelassen – sie wird also zur unfähigen, zur bösen Mutter, auf die das Kind all seinen Groll richtet. Und selbst wenn die Mutter später versucht, das Unrecht der Trennung wieder gut zu machen und das Kind zu sich zurückholt, löst sich dieser Konflikt nicht auf.

In den Lebensgeschichten aggressiver Jugendlicher finden sich oft ähnliche Zusammenhänge und Muster. Dabei wird die Wut auf die Mutter, die einen im Stich gelassen und weggegeben hat, auch oft verschoben auf Gastarbeiter, Asylanten oder soziale Randgruppen, die dann tätlich angegriffen werden. Ein Beispiel dafür ist der Attentäter von Mölln, der eine türkische Familie durch Brandstiftung ausgerottet hat.

XXIII. Die Erinnyen-Erfahrung: Missachtete Ahnen

Die Erinnyen quälen und verfolgen Orest, er kann ihnen nicht entrinnen. Diese Dämonen sind die Nachtseite der Seele, sie verkörpern die Schuldgefühle und Ängste; sie sind Gestalten aus der verdrängten Vergangenheit des Menschen: Das, was er nicht sehen will, erscheint ihm in seinen Alpträumen. Die Erinnyen sind die gekränkten Göttinnen des Matriarchats, die vom griechischen Patriarchat abgesetzt und verfemt worden sind. Was missachtet wurde, geistert in unserem Unbewussten herum und quält uns so lange, bis es wieder in sein Recht eingesetzt wird. In den Familiengeschichten sind es nicht selten die kulturellen Wurzeln des Menschen, die missachtet werden und ein Schattendasein führen. Diese Wurzeln sind verkörpert in den Vorfahren und Ahnen der Familie. Die meisten Kulturen wissen, dass man seinen Ahnen Respekt zollen muss und sie nicht beleidigen darf, weil sie sonst zu bösen Geistern werden, die einen verfolgen und strafen. Wenn Menschen aber ihre Ahnen nicht kennen und der Kontakt zu ihnen abgeschnitten wird, machen sie eine Erinnyen-Erfahrung: Das verschüttete Wissen der Vorfahren geistert gespenstisch durch das Unbewusste und quält uns durch Ängste – bis wir es wieder annehmen und in unser Leben integrieren.

Wie wir in den bisherigen Kapiteln gesehen haben, ist die Trennung von den Eltern für kleine Kinder eine Belastung – vor allem dann, wenn diese Trennung mit dem Verlust von Fürsorge und Liebe einhergeht, wenn diese Lücke nicht durch liebevolle Ersatzeltern geschlossen wird. Aber auch wenn das Kind in einem liebevollen Familiensystem bei Eltern oder Ersatzeltern aufwächst, kann ein Trauma entstehen. Denn das Kind ist von den Wurzeln seiner Familienvergangenheit abgeschnitten und kennt seine Geschichte nicht – und diese Geschichte drängt dann in unbewusster Identifizierung und Wiederholung ans Licht und manifestiert sich in Symptomen. Das ist besonders dann der Fall, wenn von den Bezugspersonen des Kindes die Herkunftsfamilie oder ein Teil dieser Herkunft bekämpft, entwertet, abgelehnt oder totgeschwiegen wird – wie das etwa häufig bei den so genannten Besatzungskindern der Fall gewesen ist, wo Mutter und Vater des Kindes jeweils feindlichen Parteien angehört haben und die Geburt gewissermaßen zwischen den Fronten erfolgt ist. Das ist aber nicht zuletzt auch bei Kindern der Fall, deren Mutter vergewaltigt worden ist – wie wir das bei den Massenvergewaltigungen im Bosnienkrieg sehen konnten. Diese Mütter, obwohl ganz und gar schuldlos, bekommen meist die volle Ablehnung ihrer sozialen Umwelt zu spüren, und nicht selten geben sie unter diesem Druck das Kind zur Adoption frei. Wenn nun ein Adoptivkind mit einer solchen Geschichte groß wird, hat es zumindest im Bauch der Mutter und nach der Geburt die Auswirkungen seiner gewaltsamen Zeugung gespürt. Vater und Mutter hassen sich, die Mutter tut sich schwer, das Kind in seinem Bauch zu lieben, weil es doch das sichtbare Zeichen dieser Gewalt und das Kind des verhassten Täters ist. Solche Kinder haben daher ein unbewusstes Introjekt aus Hass und Gewalt in sich – und zudem das unbestimmte Gefühl, nicht wirklich geliebt zu werden, selbst wenn die Adoptiveltern sich redlich bemühen, alles für das Kind zu tun. Wenn die leibliche Mutter aber ihren Muttergefühlen folgt und das Kind selbst aufzieht, steht das Kind erst recht zwischen den Fronten. Es muss sich meist entscheiden, muss zur mütterlichen Partei halten und mit dieser gemeinsam die väterliche Seite ablehnen oder verdrängen. „Du hast keinen Vater", „Dein Vater ist gestorben", „Wir wissen nicht, wer dein Vater ist" – mit solchen Sätzen wachsen diese Kinder häufig auf. Und das ist besonders für Söhne, die ja bewusst oder unbewusst sich mit ihren Vätern identifizieren, devastierend: Nicht selten nehmen sie die negative Identität des Vaters an – müssen gleichsam zu Verbrechern werden, um ihrem Vater nahe zu sein.

Solche entwurzelten Kinder, die ihre Kultur und ihre Ahnen nicht kennen, begeben sich in den Psychotherapien oft auf eine verzweifelte Suche nach ihren Vätern. Offensichtlich ist der Verlust der Ahnen eine Wunde, die in der Seele verheilen will und muss – und die Suche nach ihnen ist deshalb so wichtig, weil diese verlorenen Ahnen meist jede Menge Geschichten erzählen könnten.

Ein russischer Soldat muss als Zwangsarbeiter auf einem Bauernhof arbeiten. Er verliebt sich in die Tochter des Bauern. Als die junge Frau ein Kind bekommt, wird der Mann strafversetzt, der Frau wird das Kind weggenommen und von Verwandten aufgezogen. Dieses Kind leidet als erwachsene Frau unter depressiven Verstimmungen, fühlt sich entwurzelt und schlecht behandelt. Das Kind dieser Frau reagiert auf diese Stimmungen mit dem Symptom des „Streunens": Darin spiegelt sich das erzwungene Verschwinden des Zwangsarbeiters. Mit dem Besprechen der Geschichte der Großeltern hört dieses Streunen des Kindes auf.

Eine Frau, die auf der Flucht von feindlichen Soldaten geschwängert wurde, bringt ihre Tochter in Österreich zur Welt. Als sie nach einigen Jahren zurück in ihre Heimat geht, lässt sie dieses ungeliebte Kind in einem Heim in Österreich zurück. Als die Tochter erwachsen wird und selbst ein Kind bekommt, ist sie nicht fähig, diesem eine gute Mutter zu sein. Das Kind entwickelt eine Reihe von psychischen Symptomen, die eine lange Psychotherapie erforderlich machen. Durch die Bearbeitung der Geschichte von Mutter und Großmutter bessern sich die Symptome allmählich.

Der Verlust der Ahnen ist in mehrfacher Hinsicht schädlich. Einerseits reißen durch schicksalhafte Ereignisse die Kontakte zu einem oder mehreren Elternteilen ab. Andererseits gehen auch viele Informationen verloren, die zur Bewältigung der traumatischen Erfahrungen und für das Verständnis der eigenen Gefühlswelt notwendig sind. „Warum passiert das immer mir?" – das ist eine typische Frage, die sich Menschen mit depressiven Gefühlen stellen. Dabei dient das Unerklärliche, das Gefühl, völlig im Dunkel zu tappen, als Bestätigung der eigenen Hilflosigkeit. Wenn man gar nichts aktiv unternehmen kann, übernimmt man oft die Schuld an seinem Schicksal und erlebt das als Zeugnis eigener Schwäche. Wenn die Depression eine persönliche Eigenschaft ist, bin ich zumindest dafür verantwortlich, und diese Verantwortung ist leichter zu ertragen als die völlige Ohnmacht.

Für Patienten aber, die sich auf die Suche nach Informationen über ihre Familien begeben und damit wieder in Kontakt zu ihren Ahnen kommen, beginnt eine aktive Auseinandersetzung. Diese Menschen nehmen ihr Schicksal in die Hand, können ihre Geschichte verarbeiten und damit bewältigen. Die unbewusst erlebten Muster kehren dann zu ihrem Ursprung zurück und die Patienten können ihren Ahnen die negativen Muster wieder zurückgeben.

An dieser Stelle ist als bemerkenswert auch anzuführen, welch wichtige Rolle die Gräber in unserer Kultur spielen. Viele Tote aus dem Krieg werden erst heute bestattet, viele werden umgebettet, damit sie endlich in der Nähe ihrer Angehörigen ruhen können. Tote, die nicht begraben werden konnten, finden nach Meinung vieler Kulturen keine Ruhe. Und auch durch die Familiengeschichten geistern manchmal solch Untote: Ihnen muss zumindest symbolisch ein würdevolles Begräbnis zugestanden werden, damit sie ihre Nachkommen in Ruhe lassen.

DIE LÖSUNG
Der seelische Ausstieg aus der Terrorwelt

XXIV. Die Erlösung der Ahnen: Der Weg der Selbsterfahrung

Wäre es nicht schön, unsere Ängste und Depressionen ein für alle Mal über Bord werfen und das Leben genießen zu können? Hunderttausende sind auf der Suche nach seelischer Gesundheit – und verzweifeln an ihrer Fähigkeit, das Leben zu meistern. Wenn sie dann noch wie zu besten NS-Zeiten hören, dass ihre Schwäche genetisch verursacht ist, dann geben sie innerlich auf und akzeptieren die chemische Betäubung ihres Gehirns als einzige Möglichkeit, endlich vergessen zu können. Dabei zeigt uns der Mythos die Lösung: Wie die letzten Tantaliden könnten auch wir erlöst werden, wenn wir der Wahrheit ins Auge schauen, uns mit dem Grauen in unserer Seele auseinander setzen, das Leid der Traumatisierten nachfühlen, die Opfer rehabilitieren und um Verzeihung bitten.

Der Tantalus-Mythos ist nicht nur ein Schlüssel für das Verständnis der Ursachen seelischer Probleme, er zeigt auch einen klaren Lösungsweg. Jede Tantalidengestalt verstrickt sich zwar in ein Gewaltmuster – sie zeigt uns aber auch, wie man aus diesem Muster wieder aussteigen kann. Jede Generation trägt dazu bei, Schritt für Schritt die Schrecken der Gewaltwelt hinter sich zu lassen. Und nicht selten werden in den Psychotherapien die Heilungsschritte genau in der Reihenfolge durchlaufen, wie sie im Mythos dargestellt sind. Die Erfahrungen unserer Eltern und Großeltern sind nicht selten Tantaliden-Erfahrungen – unverarbeitete Erfahrungen zudem, mit denen wir dann in einer seelischen Krise konfrontiert werden.

Wenn ein Mensch unter der Last seiner Ängste zusammenbricht, beginnt ein Weg der Selbsterfahrung, auf dem er sich mit den Schreckgestalten seiner verletzten Eltern und Großeltern konfrontiert. Indem er eine nach der anderen in ihrem Leid versteht und erlöst, entdeckt er zugleich die Lösungen. Wenn die Familienverstrickung entschlüsselt ist, lernen wir, Respekt und Toleranz zu geben und zu fordern und begründen damit in unserem Inneren die Sicherheit des Friedens. Erst wenn die Schatten der Vergangenheit beachtet und versöhnt sind, beginnt die Seele an eine friedliche und freundliche Welt zu glauben. Dann aber wird positives Denken tatsächlich zur Realität. Wer sich so von der bewältigten Vergangenheit löst, der meistert sein Schicksal.

XXV. Die Tantalus-Lösung: Die Wahrheit aufdecken

Tantalus hatte Pech. Er wurde erwischt, seine Untat aufgedeckt, sein Verbrechen bestraft. Er wurde zu den sprichwörtlichen Tantalusqualen verurteilt, die ihn ewig daran erinnern sollten, dass ein Vater seine Kinder nicht umbringen darf.

Doch das Pech des Tantalus war das Glück seiner Nachkommen. Denn ohne die Aufdeckung der Wahrheit hätte es gar keine Nachkommen gegeben. Pelops wäre verspeist worden, und ohne Pelops kein Atreus, kein Agamemnon, kein Orest.

Damit zeigt uns Tantalus selbst den ersten Schritt zur Heilung der seelischen Probleme. Er büßt für seine Fehler, er kann sie nicht vergessen, er wird ewig daran erinnert, dass ein Fehler ein Fehler ist, der nicht wiederholt werden darf. Der erste Heilungsschritt ist, der Wahrheit ins Gesicht zu sehen, auch wenn sie noch so schrecklich ist. Nur wenn Fehler nicht vertuscht werden, kann der daraus resultierende Schaden begrenzt werden.

Was bedeutet das nun für die Selbsterfahrung? – Die erste und wichtigste Konsequenz ist das Anerkennen und Wahrnehmen des Zusammenhangs zwischen den real stattgefundenen Ereignissen, dem seelischen Erleben und den seelischen Krankheiten. Das ist in den meisten Kulturen mit Ausnahme unserer westlichen etwas völlig Selbstverständliches. In so genannten „primitiven" Kulturen wird Krankheit als seelische Reaktion auf die negative Absicht eines Mitmenschen oder auf seelische Verfehlungen aufgefasst. Die Heilung durch die Schamanen erfolgt auf seelischem oder psychosomatischem Gebiet. Die Wirksamkeit der schamanistischen Heilung beruht darauf, dass der Leidende von einem negativen Gefühl befreit wird, gleich ob dieses selbstverschuldet oder von außen induziert ist. Es wird ein Fluch vom Patienten genommen, um ihn seelisch wieder ins Lot zu bringen. Ein ähnliches Prinzip verfolgt die katholische Kirche im Sakrament der Beichte. Nur wenn wir uns mit unseren Fehlern konfrontieren und sie aussprechen, können wir innerlich frei werden und seelisch wieder gesunden. In den meisten Kulturen wird daher Gesundung als seelischer Reinigungsprozess beschrieben.

Es scheint, dass die Entdeckung Sigmund Freuds, dass seelisches Leid durch ein seelisches Trauma verursacht wird, einen Versuch dargestellt hat, dieses Wissen früherer Kulturen in unsere rationale Wissenschaft zu integrieren. Seit dieser Entdeckung vor hundert Jahren tobt in Europa aber auch ein Glaubenskrieg zwischen der biologischen und der tiefenpsychologischen Sichtweise. Dieser Glaubenskrieg ist während des Nationalsozialismus kulminiert: Die Vertreibung der Vertreter der Tiefenpsychologie, die als jüdische Wissenschaft galt, aus dem deutschsprachigen in den angelsächsischen Raum war eine nachhaltige, weil die Psychoanalytiker auch nach dem Krieg nicht zurückgebeten worden sind. So ist die Tiefenpsychologie heute in den USA verwurzelter als in Mitteleuropa und hat dort alle angrenzenden Wissensgebiete beeinflusst und befruchtet. (Das Prinzip der modernen Werbung beispielsweise beruht auf der Übertragung tiefenpsychologischer Erkenntnisse auf werbepsychologische Strategien, wofür ein in die USA emigrierter Wiener erst kürzlich den Nobelpreis erhalten hat.) In Österreich blieben die Vertreter der arischen Wissenschaft, deren Verhältnis zur Tiefenpsychologie vor allem im Versuch bestanden hat, ihr Unwissenschaftlichkeit nachzuweisen. Und die alten Reflexe unserer materialistisch-rationalistischen Kultur sind auch heute noch durchaus intakt. Das hat zur Folge, dass im Gesundheitswesen 99 Prozent des Budgets in die pharmakologische und medizinisch-technische Versorgung der Bevölkerung fließen, während für die psychotherapeutische Versorgung bereits wenige Promille als zu viel gelten. All das zeigt, dass der tiefenpsychologischen Sichtweise in Mitteleuropa keine große Bedeutung zugestanden wird, obwohl die Tiefenpsychologie gerade hier entdeckt worden ist. Dabei steht dieser Abwehrreflex auch durchaus im Einklang mit der allgemeinen gesellschaftlichen Entwicklung, die sich fünfzig Jahre lang der Auseinandersetzung mit den zeitgeschichtlichen Ereignissen und ihren Folgen verweigert hat. Zieht man einen größeren Bogen, so könnte man folgende These aufstellen: Die 1938 vertriebene jüdische Wissenschaft der Tiefenpsychologie ist auch nach sechzig Jahren nicht wirklich in die österreichische Kultur reintegriert worden, obwohl oder gerade weil die Erforschung des Unbewuss-ten die frühesten Hinweise auf Gewalttraumata als Ursache seelischer Störungen geliefert hat. So hat die Vertreibung der Tiefenpsychologie der Verdrängung der Gewaltfolgen Vorschub geleistet. Erst allmählich beginnt unter internationalem Druck eine Diskussion über die Entschädigung von Zwangsarbeitern, über die Rückgabe von arisiertem Vermögen,

Die Lösung

über Verbrechen der Wehrmacht u. Ä.. Die Entschädigung von Zwangsarbeitern aber ist nicht Schnee von gestern, vielmehr ist das Anerkennen von altem Unrecht eine Voraussetzung für unsere Kultur, im Umgang mit Menschen ohne Gewalt auskommen zu können. Wenn nun unsere ganze Gesellschaft sich der Aufarbeitung des Zweiten Weltkriegs nicht entziehen kann, so sollte dies auch die Wissenschaft nicht tun. Es ist daher an der Zeit, auf dem Gebiet des seelischen Erlebens Hypothesen darüber aufzustellen, welche Zusammenhänge zwischen den gewaltsamen Ereignissen von damals und dem seelischen Erleben von heute bestehen. Aus der Sicht des Psychotherapeuten, der sowohl die Ursachen heutiger seelischer Störungen als auch den geschichtlichen Hintergrund kennt, ist dieser Zusammenhang unübersehbar.

Die Akzeptanz solcher Zusammenhänge wäre für die Patienten von entscheidender Bedeutung. Für einen psychisch Kranken oder für einen Patienten der Psychiatrie ist es ein Unterschied, ob seine Wahrnehmung als verrückt gilt oder ob sein Erleben als – wenn auch verzerrte – Erinnerung an eine tatsächlich stattgefundene Realität anerkannt wird. Im ersten Fall ist der Fehler individualisiert, das heißt der Patient ist gewissermaßen selbst an seinem Unglück schuld: Hätte er nicht so ein kaputtes Gehirn oder so schlechte Gene, dann wäre die Welt um ihn herum völlig in Ordnung. Im zweiten Fall aber hätte auch der seelisch kranke Mensch die Kompetenz, mit seinen Problemen fertig zu werden. Wegen der schrecklichen Erlebnisse braucht er dann spezielle Hilfestellung, weil die an ihn gestellten Herausforderungen eben so groß waren, dass sie ohne seelische Krisen zunächst nicht zu bewältigen sind. Im ersten Fall haben wir einen Verrückten vor uns, der sich alles nur einbildet, weil sein Gehirn kaputt ist – eine Sichtweise, die im Extrem zu dem Versuch geführt hat, Teile dieses Gehirns chirurgisch zu entfernen. Im zweiten Fall hätten wir einen selbstverantwortlichen Menschen vor uns, der vielleicht an bestimmten Herausforderungen zerbrochen ist – Herausforderungen, die auch für jeden anderen unüberwindlich gewesen wären: Die Schrecken von Gestapo, KZ, Verfolgung, Angst und Folter sind für alle Menschen unerträglich; wie Arsen, Blei, Pilz- und Schlangengifte allen schlecht bekommen, ist auch seelisches Gift für alle Menschen unverträglich. Und beim Erleben von Gewalt dürfte es sich um das stärkste seelische Gift handeln, dem Menschen ausgesetzt sein können. Nur dass bei einer Arsen- oder Bleivergiftung sich sofort Dutzende Menschen in Bewegung setzen, um etwas dagegen zu tun – während bei der Vergiftung durch Gewalt bestenfalls voyeuristische Aktivitäten zu beobachten sind, Hilfestellungen aber oft lange auf sich warten lassen. Das mag auch daran liegen, dass die Wirkung des Giftes oft gar nicht bekannt wird, weil seine

Virulenz offiziell geleugnet wird, nach dem Motto: „Was uns nicht umbringt, macht uns noch stärker. Starke Männer halten das schon aus. Nur Schwächlinge machen daraus ein Drama." Wir sollten hingegen anerkennen, dass das Erleben von Gewalt generell schädlich ist und in jedem Fall Auswirkungen auf den seelischen Zustand des Erlebenden hat.

Solange der Patient glaubt, dass er verrückt und selbst an seinem Leid schuld ist, wird er sich schwach fühlen und unfähig sein, etwas an seinem Zustand zu ändern. Wenn er aber erkennt, dass er durch erlittenes Unrecht und durch extreme seelische Belastungen geschwächt worden ist, dass er aber als Mensch wie jeder andere die Fähigkeit hat, mit diesen Belastungen fertig zu werden, so setzt das enorme Kräfte der Selbstheilung frei.

Aber ist es nicht doch besser, die Vergangenheit zu vergessen und nicht in den alten Wunden zu wühlen? – Die psychotherapeutische Erfahrung zeigt, dass schwere, chronifizierte Störungen erst dann ausheilen können, wenn die tiefste, die schlimmste Wahrheit ans Licht kommt: Ein Jugendlicher leidet jahrelang unter schwerer Magersucht und weigert sich, einen männlichen Körper zu entwickeln. Alle medizinischen und psychologischen Maßnahmen helfen nichts – der Junge sieht aus wie Haut und Knochen. Schließlich rückt sein Vater in der psychotherapeutischen Sitzung mit dem für ihn peinlichsten Faktum heraus: „Es ist ja vielleicht nicht wichtig und schon so lange her, aber bitte: Mein Vater hat versucht, meine Mutter zu erschlagen, und ist dafür lange im Gefängnis gesessen. Ist das irgendwie wichtig im Zusammenhang mit der Krankheit meines Sohnes?" Es ist wichtig! Denn der Kranke hat die unbewusste Angst seines Vaters – dass Männlichkeit zum Mord prädestiniert – übernommen, und so schien es ihm der sicherere Weg, erst gar kein Mann zu werden. Nun, da die Tat des Großvaters besprochen werden kann (im Bewusstsein, dass die Großmutter den Anschlag überlebt hat), kann sich der Junge von diesem negativen Männerbild lösen und wird gesund.

XXVI. Die Pelops-Lösung: Die Botschaft bewahren

Pelops verdrängt, was ihm widerfahren ist. Die Erfahrung, dass der eigene Vater versucht, einen zu töten, ist so schlimm, dass Pelops ohne den Schutz der Verdrängung zusammenbrechen würde. Die Verdrängung ermöglicht es ihm auch, sich auf die Restitution seines Königreiches zu konzentrieren, das durch die Tantalus-Katastrophe in ein arges Schlamassel geraten ist. Die Verdränger-Generation legt also die seelischen

Probleme auf Eis. Sollen sich doch spätere Generationen darum kümmern! Erst muss das Haus gebaut und das Studium der Kinder finanziert werden.

So erstaunlich es klingt – dieses Einfrieren des Problems ist Pelops' Anteil an der Lösung. Er bewahrt damit die Botschaft der Tantalus-Verletzung für die Generationen nach ihm auf. Wie es für einen Forscher keinen größeren Glücksfall gibt, als eine gefrorene Gletscherleiche oder ein Mammut im Permafrost zu finden, so ist das Verhalten des Pelops eine versteckte Botschaft aus der Vergangenheit. Sie erzählt die Gewaltstory von Vater und Sohn, die nur einen Überlebenden kennt. Die Zuseher beim Pferderennen in Elis können rasch erkennen, dass hier einer mit Gewalt aufgewachsen ist und keine Scheu davor hat, sich mit Gewalt durchzusetzen. Das aggressive Verhalten erzählt von der Aggression, die Pelops widerfahren ist.

Pelops gelingt es allerdings, seine ganze aufgestaute Wut in einer sozial akzeptierten Form auszuleben. Im Wettbewerb ist aggressives Kämpfen erlaubt. Wer in der Formel 1 seinen Gegner über den Haufen fährt, ist offiziell kein Mörder, auch wenn der Gegner das Rennen nicht überlebt. Doch wenn auch in dieser sozial akzeptierten Form – die Aggression wird an die Kinder weitergegeben, und die leben sie ganz offen und unverblümt aus. In der dritten Generation treffen dann Aggression und aggressive Störungen auf Unverständnis und sind verpönt. In einer gewalttätigen, kriegerischen Welt ist aggressives Kämpfen oft der einzig sinnvolle Weg, um nicht erschlagen zu werden. Heute gilt ein aggressiver Mensch, der noch vor wenigen Generationen als Krieger und Held gefeiert worden wäre, schnell als Psychopath.

In vielen psychischen Symptomen ist die versteckte Botschaft eines Familientraumas enthalten. Aggressive Verhaltensstörungen berichten von Gewalttraumata, Depressionen von niederschmetternden Erlebnissen, Schizophrenien von verrückt machenden Verleugnungssystemen. Überlegen wir also, von welchen Familienerfahrungen die verschiedenen Symptome erzählen können.

Bekannt ist beispielsweise der Zusammenhang von Essstörungen (Magersucht, Bulimie, Übergewicht) und sexuellen Gewaltmustern. Das Übergewicht ist in diesen Fällen ein sinnvoller Schutz vor Übergriffen auf den eigenen Körper. Die Fettschicht schafft eine Pufferzone, die unangenehme Berührungen vom Körper weghält. Übergewicht, aber auch Magersucht bei Frauen haben den Sinn, den weiblichen Körper unattraktiv zu machen. Übergriffe werden damit seltener und unwahrscheinlicher.

Angst ist eine sehr sinnvolle, ja lebensrettende Reaktion. Durch Angst vermögen wir, Gefahren aus dem Weg zu gehen. Physiologisch wird dadurch der Körper mobilisiert, das heißt, Angst setzt alle Kräfte frei, um im Überlebenskampf bestehen zu können. Sich-tot-Stellen und Flüchten sind sehr alte Reflexe, durch die Tiere und Menschen in gefährlichen Situationen versuchen, ihr Leben zu retten. In Gewaltsituationen ist das Leben des Menschen meist tatsächlich bedroht. In Diktaturen kann man ohne Grund eingesperrt, gefoltert oder ermordet werden. Im Chile der 70er-Jahre, im Deutschland der 30er-Jahre oder im Serbien der 90er-Jahre war Angst ein sehr angemessener Erlebnisausdruck. Alle so genannten Neurosen werden heute als Angststörungen bezeichnet, mit anderen Worten: Neurotiker haben gelernt, chronisch Angst zu haben – Angst vor bestimmten Objekten, bestimmten Situationen, diffuse Angst, Angst vor körperlicher Erkrankung, Angst vor bestimmten Handlungen. Wenn wir nun davon ausgehen, dass diese Ängste in konkreten gefährlichen Situationen entstanden sind, so besteht das Problem des Neurotikers lediglich darin, dass sich die Angst von der Ursprungssituation abgelöst hat und auf alle möglichen Situationen generalisiert wird.

Depression ist krankhaft – in einer Welt, in der Erfolg, Reichtum und Glück regieren. Doch wenn wir all das seelische Leid ernst nehmen, das auf vielen Menschen und ihren Familien lastet, dann verwundert es nicht, dass so manche eine große Traurigkeit in sich spüren – eine Traurigkeit, die sich auch durch noch so gut gemeinte Appelle („Reiß dich zusammen!", „Denk doch an etwas anderes!") nicht vertreiben lässt. Die Depression ist der sinnvolle Impuls der Seele, die Aufmerksamkeit auf die wunden Punkte der eigenen Geschichte zu lenken. Erst wenn der Mensch sich mit seinen Schwierigkeiten und Schwachpunkten konfrontiert, kann er innerlich heil werden und seelisch wachsen. Die depressive Traurigkeit führt uns daher meist zu wichtigen Problemen, die wir bewältigen müssen.

Schizophrene Wahnvorstellungen gelten als Inbegriff des Verrücktseins. Schizophrene und schizoide Menschen haben gleichsam kein funktionierendes Wahrnehmungs- und Denkvermögen. Weil sie ihren eigenen kognitiven Fähigkeiten nicht trauen können, trauen sie auch sonst niemandem und sind paranoid. Die Unsicherheit über die Zuverlässigkeit der eigenen Wahrnehmung und die Ungewissheit darüber, was Wahrheit und was Täuschung ist, ist auch typisch für diktatorische Systeme, in denen die objektive Wahrheit geleugnet oder verzerrt wird. Wenn etwa im China der 60er-Jahre propagiert worden ist, dass alles Gute, Edle und Schöne und sogar das Wirken der Naturgesetze auf die Taten des großen Vorsitzenden Mao zurückzuführen sind, so mag uns das heute merkwürdig erscheinen. Im China der Kulturrevolution aber haben 700 Millionen Chinesen eine Spaltung ihrer Wahrnehmungswelt erlebt: Das, was sie selbst spürten und dachten, war das Gegenteil von dem, was sie offiziell hörten und aussprechen durften. Es war dann äußerst bedrohlich bis lebensgefährlich, beim Aussprechen der eigenen Gedanken erwischt zu werden, denn man konnte ja stets sehen, wie die Nachbarn und sogar Autoritäten wie Universitätsprofessoren, Ärzte, Anwälte gedemütigt und in Lager abgeführt wurden. Auch unter den Diktaturen Hitlers, Stalins und vieler anderer Despoten wurde millionenfach eine paranoide Grundstimmung gezüchtet. In einer solchen Diktatur, in der man niemandem trauen darf und jeder ein Spitzel der Geheimpolizei sein mag, kann eine paranoide Grundstimmung lebensrettend sein. Es ist nun denkbar, dass paranoides Miss-trauen zum Familienmuster wird, wenn eine Familie über viele Generationen in einer Umwelt gelebt hat, in der Misstrauen angemessen und lebenserhaltend gewesen ist. In diesem Zusammenhang ist auch erwähnenswert, dass Systemgegner in der Sowjetunion häufig mit der Diag-nose einer paranoiden Schizophrenie in der Psychiatrie gelandet sind – jeder Widerstand gegen den Kommunismus wurde als Paranoia gewertet. Das Machtsystem wusste sehr wohl, dass Misstrauen und Systemgegnerschaft Hand in Hand gehen.

Tinnitus oder Ohrensausen ist heute ein lästiges Krankheitsbild, das besonders Menschen in Dienstleistungsberufen quält. Im Ohr ertönt ständig ein schrilles Pfeifen oder ein tiefes Brummen, für das es keine physiologische Ursache gibt. Das Pfeifen übertönt alles andere, was der Patient hören könnte. Häufig entdeckt man in der Therapie Gefühle wie „Ich kann das alles nicht mehr hören" – und dabei geht es um Botschaften, die nicht mehr geglaubt werden, weil sie nicht echt sind. Die Tinnitus-Patienten sind meist Söhne oder Töchter von Kriegsteilnehmern. Der Tinnitus-Ton hat Ähnlichkeit mit der Sirene beim Fliegeralarm, mit dem Brummen der Bombergeschwader oder mit dem Pfeifton, mit dem im Krieg der Empfang von Radio- und Funkgeräten gestört wurde. Besonders diese Technik der Frequenzüberlagerung ist als Analogie zum Tinnitus interessant: Der Zweite Weltkrieg ist auch ein Propagandakrieg gewesen, der vor allem mit akustischen Medien ausgetragen wurde. Wer Herr über den Äther war, konnte seine Ideologie verbreiten und seine Herrschaft stützen. Die Frequenzen der Feindsender wurden durch Störgeräusche überlagert, wichtige Informationen konnten so nicht an die Empfänger gelangen – die hörten dann in ihrem Funkgerät nur mehr ein Pfeifen. Es scheint, als ob in den Ohren der Tinnitus-Patienten heute ein ähnlicher Wahrnehmungskrieg tobt. Informationen, die nicht gehört werden sollen, werden durch das Pfeifen in den Hintergrund gedrängt. Es sind oft Informationen über wichtige Tatsachen, die aber tabuisiert und verdrängt werden und so eine innere Spannung im Ohr verursachen. In der Therapie geht es dann meistens darum, dass der Patient zu sich selbst und zu seiner inneren Wahrheit findet. Wenn diese Wahrheit gehört werden kann, hat der Pfeifton seine Funktion verloren – der Tinnitus wird schwächer oder verschwindet ganz.

Das hypochondrische oder hysterische Empfinden von körperlichen Schmerzen und Krankheiten erscheint sinnlos, wenn ein Mensch organisch gesund und medizinisch ohne Befund ist. Solche Menschen werden als Drückeberger abgetan, die zu faul sind, einen Finger krumm zu machen und sich als Sozialschmarotzer in den Krankenstand flüchten. Wenn wir aber erkennen, dass solche eingebildeten Schmerzen Erinnerungen an alte, tatsächlich erlebte körperliche und seelische Schmerzen sind, dann werden sie Wegweiser, die die tatsächlichen Traumata dieser Menschen ans Licht bringen und so sehr wohl Sinn machen. Hysterische Schmerzen bringen, wie schon Freud festgestellt hat, Traumata ans Tageslicht und sind damit die Voraussetzung dafür, dass die Ursachen der seelischen Krankheit, zu denen eben wesentlich die Gewalterlebnisse zählen, aufgedeckt werden können.

In der Arbeit mit psychisch Kranken kann oft Folgendes festgestellt werden: Die Angst oder die Wahnvorstellung des Patienten scheint verrückt, wenn sie sich als fixe Überzeugung auf Situationen im Hier und Heute bezieht. Oft hat die Angst auf einer allgemeinen oder symbolischen Ebene jedoch einen realen Hintergrund, den wir ernst nehmen und erspüren können. Ein Beispiel: Eine Psychiatriepatientin fühlt sich von ihrer Tochter verfolgt, beraubt und ausgenutzt. Voller Überzeugung schildert sie Vorfälle, die beweisen sollen, was die Tochter ihr alles angetan hat. Diese Überzeugungen halten einer konkreten Überprüfung nicht stand, man kann der Tochter keine Verfehlung nachweisen. Dennoch – auf einer allgemeinen Ebene stimmt das Gefühl der Patientin: Die Tochter hat die Mutter aus der gemeinsamen Wohnung, die von der Mutter bezahlt wurde, in die Psychiatrie einweisen lassen, ihre Entmündigung veranlasst und verfügt nun über das Vermögen der Mutter, das nicht unbeträchtlich ist. Es ist daher verständlich, dass die Mutter sich von ihrer Tochter hintergangen fühlt, auch wenn rein rechtlich alles seine Richtigkeit hat.

Wie der Aufbau unserer Sprache dem Linguisten von der Vergangenheit unseres Volkes erzählt, wie auf den ersten Blick sinnlose Bodenformationen dem Archäologen den Standort verschollener Städte verraten, so erzählt die Symptomsprache des Menschen von der Vergangenheit seiner Familie. Und selbst das verrückteste Symptom kann eine deutliche Sprache sprechen:

Ein Schizophrener wird in die Klinik eingeliefert, weil er sich ständig von Feuer umgeben wähnt. Er läuft panisch auf der Station umher und schreit: „Feuer, Feuer, wir müssen die Menschen aus dem Feuer holen. Sie verbrennen alle!" Man ist sich einig, dass man es hier mit einem wirklich Verrückten zu tun hat. Doch die Familienanamnese bringt folgendes Faktum zutage: Der Vater des Patienten hatte im Konzentrationslager die Öfen bedient, in denen die Leichen der Vergasten verbrannt wurden. Der Patient hat offensichtlich die Schuldgefühle und die unterdrückten Impulse seines Vaters, etwas gegen dieses schreckliche Unrecht zu tun, übernommen und durchlebt diese entsetzlichen Erfahrungen in seinen Visionen. Als dem Patienten in der Psychotherapie vorsichtig dieser Zusammenhang aufgezeigt wird, gehen die Halluzinationen zurück und er kann wieder entlassen werden.

XXVII. Die Atreus-Lösung: Die Verstrickung entschlüsseln

Was in aller Welt hätte Atreus helfen können, aus seinem Wahnsinn auszusteigen und ein besserer Mensch zu werden? Was kann man mit Mördern anderes tun, als sie ins Gefängnis sperren, um die Gesellschaft vor ihnen zu schützen? Bei einem psychopathischen Mörder kann man sich schwer eine positive Lösung vorstellen. Denn die Atreus-Geschichte ist eine Geschichte der versäumten Gelegenheiten: Es wurde so ziemlich alles unterlassen, was das Unheil hätte eindämmen können. Niemand hat sich ihm in den Weg gestellt, niemand hat ihm Einhalt geboten, niemand ihn mit seiner Schuld und seinem Fehlverhalten konfrontiert. Niemand hat sich mit ihm auseinander gesetzt, um ihn zur Vernunft zu bringen. Und niemand hat ihn über sein wahres Motiv aufgeklärt – den Abbruch der Vater-Sohn-Beziehung nämlich, der seit Großvater Tantalus eine mörderische Wut in den Söhnen hinterlassen hat.

Atreus hätte einen guten Berater gebraucht, vielleicht einen Seher oder Priester, der sein impulsives Handeln durch Erkenntnis und Einsicht gesteuert hätte. Und er hätte einen guten Vater gebraucht, der ihn ehrlich vor den Gefahren der Welt gewarnt hätte. Weil es aber für Atreus keinen Vaters gegeben hat, der mit ihm gesprochen hätte, hat er auch auf die Sprüche der Seher gepfiffen.

Auch heute pfeifen aggressive Jugendliche auf alle guten Sprüche der Erwachsenen und lassen sich nichts sagen. Scheinbar grenzenlos ergeben sie sich der Impulsivität ihres Handelns, bis sie in der Katastrophe landen. Schauen wir genauer hin, können wir oft feststellen, dass auch sie schon lange keinen Halt mehr gehabt, keine Auseinandersetzung erlebt haben, dass sie sich von den Erwachsenen im Stich gelassen gefühlt und dann die Gleichaltrigen als Ersatzfamilie gewählt haben, die sich ihre eigenen Regeln schafft.

Schwierige Jugendliche haben ein feines Gefühl für Fehler und für Probleme, die vertuscht und hinter schönen Fassaden versteckt werden. Deshalb ist ihnen auch am ehesten mit der Wahrheit beizukommen. Wenn die Erwachsenen ehrlich bemüht sind, die Probleme zu besprechen, beginnen die Jugendlichen zuzuhören. Wenn dem Atreus einer ehrlich erklärt hätte, was in seiner Familie alles faul gewesen ist, dann wäre er vielleicht aufgewacht. Wenn ihm einer seine Verstrickung in die Familienmuster entschlüsselt hätte, dann hätte er sich davon lösen können.

Wir müssen also versuchen, die versteckten Botschaften zu enträtseln, die uns durch die Symptome übermittelt werden. Wir müssen aufhören, die Symptome zu unterdrücken, und sie als sinnvolle Bewältigungsversuche erkennen. Die Symptome tauchen ja deswegen so hartnäckig und zäh wieder auf, weil die dahinterliegenden Themen auch in der Ursprungssituation eliminiert werden sollten und unerwünscht waren. Wenn Themen wie Unterdrückung, Verfolgung, Ungerechtigkeit, Lieblosigkeit, Trauer, Schmerz und Ekel keine Existenzberechtigung haben und geleugnet werden, dann müssen sie sich so lange eine Ausdrucksform suchen, bis dieses Thema oder Gefühl verstanden wird. Umgekehrt führt das Akzeptieren dieser Themen dazu, dass die Notwendigkeit der Symptomwiederholung abnimmt und schließlich das Symptom sich auflösen kann.

Symptome sind versteckte Botschaften, die verschlüsselt werden müssen, weil es in einer gewalttätigen Welt gefährlich ist, wenn der Gegner die Botschaft in die Hände bekommt. Menschen, deren Gefühle nicht geglaubt und die als paranoide Verrückte hingestellt werden – vielleicht noch durch das Gutachten eines Dr. Heinrich Gross amtlich bestätigt –, müssen ihre Botschaften so verschlüsseln, dass nur diejenigen sie verstehen, die ihnen mit Verständnis und Wohlwollen begegnen. Denken Sie kurz darüber nach, was passiert, wenn Sie jemandem etwas mitteilen wollen, was ein anderer Anwesender nicht hören soll. Sie können keine verbale Botschaft geben, denn die würde ja dem Falschen zu Ohren kommen. Also werden Sie flüstern oder die Botschaft durch Mimik und Gestik optisch zu vermitteln versuchen – also durch die Sprache des Körpers.

Aus dem gleichen Grund kommen viele Patienten zum Psychotherapeuten: Sie können sich verbal nicht verständlich machen, flüstern bestenfalls, schweigen über weite Strecken, denn sie haben Angst, man könnte sie wegen ihrer Empfindungen verurteilen; ihr Körper aber spricht Bände – sowohl in der Haltung oder in Verspannungen als auch durch den Symbolcharakter der erkrankten Organe. Wir können also davon ausgehen, dass die meisten seelischen Erkrankungen Mitteilungen sind, die von einem Trauma berichten sollen, dessen Inhalt genau zum Ausdrucks-charakter der Erkrankung passt:

Symtom	Trauma
Verlustangst	tatsächlicher Verlust eines Elternteils
Aggressives Sozialverhalten	Gewalterfahrungen
sexuelle Störungen	sexueller Missbrauch, Übergriffe
Angst vor Nähe	emotionale Ausbeutung

Wenn wir verstehen, was unser Gegenüber mit seinem Symptom eigentlich sagen will, hat die Botschaft ihren Zweck erfüllt und das Medium der Nachrichtenübertragung wird überflüssig. Das Erkennen des ursprünglichen Gewalttraumas hat also eine befreiende Wirkung, weil sich die Symptome auflösen können, wenn die Nachricht angekommen ist. Eine Nachricht, die gelesen und verstanden wurde, kann weggelegt werden.

Dazu ein Beispiel: In einer Ehekrise droht der Mann ständig mit Selbstmord und trifft auch demonstrativ Vorbereitungen dazu. Die verzweifelte Ehefrau ruft mehrmals die Krisenintervention der Nervenklinik an, weil sie nicht mehr weiter weiß. Schließlich wird der Mann vom Amtsarzt zwangseingewiesen und eine Psychotherapie begonnen. In den Erzählungen des Mannes werden die unbewussten Gründe der Selbstmorddrohungen deutlich: Die Mutter seiner Frau hatte sich vor einigen Jahren umgebracht, weil sie in ihrer Ehe unglücklich war. Seine eigene Mutter war als lediges Kind einer Dienstmagd, die von ihrem Herrn geschwängert und dann sitzen gelassen wurde, auf die Welt gekommen. Weil er diese Schande nicht ertragen konnte, hat sich der Vater dieser Dienstmagd erhängt. Zweimal also war Selbstmord als Lösung einer Beziehungskrise gewählt worden – und so ist es kein Wunder, dass dieser Mann Ehekrise und Selbstmorddrohung gleichgesetzt hat. Als ihm das bewusst und klar wurde, hörten die Suiziddrohungen auf und das Ehepaar konnte beginnen, seine Partnerprobleme konstruktiv zu lösen.

XXVIII. Die Agamemnon-Lösung: Der Zusammenbruch des falschen Heldentums

Was trägt der große Held der Antike zur Lösung der Tantalidengeschichte bei? Wo gibt er seinen Nachkommen ein Beispiel? Ist es die Eroberung Trojas? Die Unterstützung seines gehörnten Bruders Menelaos? Die Einigung Griechenlands unter einem gemeinsamen Ziel? – Weit gefehlt. All seine Heldentaten haben Agamemnon bei seiner Familie nicht beliebt gemacht, ganz im Gegenteil. Was seine Kinder jedoch wirklich beeindruckt hat, das war sein Tod.

Das klingt überraschend und makaber. Wie soll der Tod des Vaters für die Kinder hilfreich sein? Aber wenn wir es recht bedenken, so war es dieser Tod, der bei den Kindern eine seelische Entwicklung auslöste, die die Tantalidengeschichte schließlich zu einem guten Ende geführt hat. Ohne den Verlust des Vaters kein Gefühlssturm des Orest, keine Trauer der Elektra und keine Rückkehr der Iphigenie. Hätte Agamemnon überlebt, dann wären seine Kinder genauso harte Tantaliden geworden wie ihre Vorfahren.

Manchmal ist es das Beste, wenn ein negatives Gewaltmodell zu Ende geht. Manchmal kann ein unmenschliches System nur mehr in sich zusammenstürzen. Das ist dann der beste Gefallen, den es seinen Untertanen machen kann. Der Sturz der Kaiser Europas im Jahr 1918 hat den Weg freigemacht für das Selbstbestimmungsrecht der europäischen Völker. Der Untergang des Faschismus in Deutschland und des Militarismus in Japan sind die Voraussetzung dafür gewesen, dass diese Länder sich zu Demokratie und wirtschaftlichem Fortschritt entwickelt haben. Der wirtschaftliche Rückstand Englands ist durch die Tatsache erklärt worden, dass die Engländer keinen Krieg verloren hatten und somit ihre alten Traditionen beibehalten konnten. Der Zusammenbruch der europäischen Kolonialreiche war ein erster Schritt in Richtung einer freien Entwicklung der Welt. Der Tod des Diktators Franco führte zur Geburt des modernen Spanien. Und der sang- und klanglose Untergang des Kommunismus in Osteuropa und Russland war einer der größten Glücksfälle für den europäischen Kontinent. Kurz, es scheint, als wären im 20. Jahrhundert viele Agamemnons gestürzt worden. Sein Modell aus Mord, Vergewaltigung und Kindesopfer kann seine Macht nur verlieren, wenn es tatsächlich physisch endet.

Der Zusammenbruch ist die Voraussetzung dafür, dass Neues entstehen und wachsen kann. Das gilt nicht nur für Staaten und für die Natur, sondern auch für die seelische Entwicklung. Auch die Persönlichkeit des Menschen kann nur wachsen, wenn von Zeit zu Zeit ein krisenhafter Zusammenbruch die überlebten Muster zerstört. Ein körperlicher, krankheitsbedingter Zusammenbruch oder ein Nervenzusammenbruch ist oft der Beginn einer seelischen Neuorientierung. Wir ändern uns meist erst dann, wenn es nicht mehr anders geht und wenn wir mit unserem bisherigen Verhalten gar nichts mehr erreichen. Erst in der Krise erkennen wir, dass bislang unverzichtbare Gewohnheiten schädlich geworden sind und über Bord geworfen werden müssen.

Ein Musterbeispiel dafür ist der Entzug bei Alkohol- und Drogenabhängigen. Sie behalten ihr Suchtverhalten bei, solange es geht. Sie verleugnen die Gefahr, verharmlosen ihr Problem und opfern schlussendlich ihr ganzes Leben dem Suchtmittel. Erst wenn alles zusammenbricht, wenn sie den Partner, die Kinder, das Haus, den Arbeitsplatz verlieren, entsteht die Bereitschaft, den Entzug durchzuhalten und die Alkoholikerpersönlichkeit sterben zu lassen. Suchttherapeuten bleibt oft nichts anderes übrig, als mit professioneller Härte auf diesen Zusammenbruch zu warten, weil sie aus Erfahrung wissen, dass erst dann eine zielführende Therapiemotivation vorhanden ist.

Auch bei Arbeitssüchtigen lässt sich dieses Muster beobachten. Sie verschreiben sich völlig der Welt von Arbeit und Leistung und missachten alle anderen Seiten des Lebens. Oft läuft ihnen der Partner davon, die Kollegen fangen an, sie durch Mobbing auszuschließen, der Körper sendet erste Warnsignale wie Bluthochdruck und Magenschmerzen aus. Auch in der Phase des Burn-outs, wenn sie sich erschöpft und leer fühlen, arbeiten sie verbissen weiter bis zum bitteren Ende. „Man muss sein Letztes geben", ist der Wahlspruch, mit dem sie sich bis zum Letzten treiben. Dieses Letzte ist der körperliche oder seelische Zusammenbruch, und sie landen dann mit Herzinfarkt oder einer anderen inneren Erkrankung im Spital. Erst in der Phase der Rehabilitation erkennen manche, wie schief ihr Leben läuft, und beginnen, es zu ändern.

Magersüchtige Mädchen entwickeln über Jahre einen bedrohlichen Krankheitsverlauf, der bis zum Tod führen kann. Der Grund für die Schwere dieser Krankheit liegt in besonders rigiden Familiensystemen, die an längst überholten Mustern festhalten. Erst der drohende Tod der Tochter führt zur Erkenntnis, dass eigentlich etwas anderes in der Familie sterben sollte – wie in folgendem Beispiel:

Ein magersüchtiges Mädchen muss über Jahre im Krankenhaus zwangsernährt werden, weil sein Gewicht trotz aller medizinischen Maßnahmen nicht aus dem lebensbedrohlichen Bereich zu bringen ist. Niemand versteht, warum dieses Mädchen so unglücklich ist, dass es offensichtlich sterben will, denn es stammt aus einer sehr angesehenen und einflussreichen Familie. In der Familientherapie wird sich die Mutter des

Mädchens langsam bewusst, dass sie ein Leben lang unter den Tobsuchtsanfällen ihres mächtigen Vaters leiden musste, der zudem seine Frau mit seinen Seitensprüngen unglücklich gemacht hat. Die Mutter des Mädchens hat sich bis dahin aber nicht einmal eine heimliche Kritik an ihrem Vater erlaubt, der doch allerorts beliebt und einflussreich gewesen ist. Als sie entdeckt, dass dieses mächtige Vaterbild ihre Tochter so sehr verschreckt hat, dass diese das Erwachsenwerden verweigerte, erkennt die Mutter, dass sie den mächtigen Vater in ihrem Inneren symbolisch sterben lassen muss, mit anderen Worten: dass sie ihm keinen Einfluss auf ihr Leben mehr erlauben darf. Ab diesem Zeitpunkt beginnt die Tochter zuzunehmen und kann endlich nach Jahren aus dem Spital entlassen werden.

In Familienbetrieben ist das Risiko einer Familienverstrickung besonders groß, weil meist mehrere Generationen einer Familie durch den gemeinsamen Betrieb oder Besitz aneinandergekettet sind. Oft gibt es da einen alten Patriarchen, der nicht von seiner Macht lassen kann und in die Familien seiner erwachsenen Kinder hineinregiert. Diese entwickeln große Aggressionen auf den Patriarchen, müssen sie aber hinunterschlucken, weil ein offenes Aufbegehren zum Verlust des Betriebes führen würde. Es entsteht die Fantasie, dass der Alte doch endlich sterben möge, weil man erst dann den Betrieb nach eigenen Ideen umgestalten kann. Manche Patriarchen spüren diese Todesfantasien, setzen dann Betriebsübergabe mit Tod gleich und klammern sich möglichst lange an ihr Lebenswerk. Der Zorn der jahrzehntelang hintergehaltenen Erben entlädt sich explosionsartig nach dem Tod der alten Besitzer: In destruktiven Ausbrüchen wird dann nicht selten das Lebenswerk des Alten zerstört, wird also die Firma unbewusst in den Konkurs getrieben, oder die Jungen richten diese Energien auch gegeneinander und prozessieren vor Gericht um das Erbe.

Ein Hotelier baut gemeinsam mit seinen Eltern ein neues Hotel und führt es zu betrieblichem Erfolg. Er hat aber ständig die Eltern im Genick, die die Betriebsabläufe bestimmen, weil das Hotel schließlich mit ihrem Geld gebaut worden ist. Die antiquierten Vorstellungen seiner Eltern treiben den Hotelier zur Weißglut, aber er kann sich nicht durchsetzen. Er wird schwer krank und hat nun das Gefühl, es ohne die Hilfe seiner Eltern erst recht nicht schaffen zu können. Seine Frau läuft ihm davon, weil sie die Streitigkeiten mit den Schwiegereltern nicht mehr aushält. In der Psychotherapie erkennt der Mann allmählich, dass er das Recht hat, seine Vorstellungen durchzusetzen, weil nur dann Neues entstehen kann, wenn von Alt auf Jung übergeben wird. In dieser Phase stirbt sein Vater. Der Hotelier fühlt sich wie befreit und voller Energie. Er söhnt sich mit seiner Frau aus, überwindet seine Krankheit und schreitet voller Tatkraft an die Verwirklichung seiner betrieblichen Ideen.

Helden des Krieges sterben den Heldentod. Über Generationen wurde den Männern dieses Ideal im Dienste einer kriegerischen Weltanschauung eingepflanzt – schließlich waren seit der französischen Revolution die Kriege der Nationalstaaten nur durch Wehrpflicht und allgemeine Mobilmachung zu führen. Die Kriegerdenkmäler in unseren Dörfer sind Gedenkstätten dieses Heldentums. Und ob nun die Männer Helden des Krieges oder Helden der Arbeit sind – sie haben gelernt, unerträgliche Situationen bis zum bitteren Ende durchzustehen und die dabei entstehende Aggression an den Falschen, an Frauen, Kindern, Ausländern und Wehrlosen auszulassen. In den Männertherapien werden sie sich bewusst, dass das ein falsches Heldentum ist, das besser als Ganzes sterben sollte, bevor noch mehr Unschuldige daran zu Grunde gehen.

Wenn die falschen Helden sterben, haben die Kinder eine Chance: Das ist die wirkliche Botschaft des Agamemnon an seine Nachkommen.

XXIX. Klytämnestras Lösung: Respekt und Toleranz

Was hätte Klytämnestra dazu verhelfen können, aus der Gewaltwelt ihres Mannes herauszufinden? Heute würde sie sich wahrscheinlich scheiden lassen, aber damals löste der Versuch einer Scheidung den Trojanischen Krieg aus (wie ja auch heute noch Scheidungen zu Mord und Totschlag führen können). Das aggressive Zurückschlagen hat Klytämnestra nicht geholfen, im Gegenteil: Sie hat sich damit die Liebe ihrer Kinder verscherzt (wie ja auch heute emanzipierte Frauen nicht selten die Zuneigung ihrer Kinder verlieren).

Was war also richtig an der Haltung der Klytämnestra? Sie hat sich dem Agamemnon entgegengestellt, als dieser die Tochter zu töten versucht hat. Sie hat Respekt vor dem Weiblichen eingefordert, Respekt vor der Mutterschaft und vor der Verbindung von Mutter und Kind. Und damit ist sie viel erfolgreicher gewesen als mit der Ermordung ihres Mannes. Der Aufschrei der Klytämnestra „Du willst unsere Tochter töten!" hat ein Erstarken der Kräfte des Weiblichen bewirkt: Die Göttin Artemis kommt ihr zu Hilfe, Iphigenie überlebt und kann ihre entscheidende Rolle bei der Wiederherstellung des Gleichgewichts von Patriarchat und Matriarchat spielen.

Klytämnestra hat Respekt mit all der Kraft, die sie als unterdrückte Frau aufbringen konnte, eingefordert. Damit und nicht mit ihrem Sündenfall der Blutrache hat sie dazu beigetragen, dass die Toleranz zwischen

Mann und Frau wieder hergestellt wurde. Sie besann sich dabei auf die Kraft ihrer ursprünglichen Werte, auf die respektvolle Liebe zu ihrem ersten Mann und auf die Heiligkeit der Bande zwischen Mutter, Vater und Kind, die niemand mit Gewalt zerstören darf. Sie wies die Gewalt des Pat-riarchats in seine Schranken. Vielleicht muss ja auch der Mord an ihrem Mann als ein unvermeidliches Signal gesehen werden, dass Männer sich nicht grenzenlos alles erlauben können.

Das Wiederherstellen des respektvollen Gleichgewichts zwischen Mann und Frau ist auch das Thema der meisten Partnertherapien. Wenn Ehen in eine Krise geraten, entbrennt ein Machtkampf. Meist ist es der Vorwurf der Unterdrückung, der die Partner entzweit. Jeder fühlt sich vom anderen dominiert und hat Angst, zu kurz zu kommen. Ein respektvoller Umgang miteinander und Toleranz gegenüber dem Wesen des Partners führen meist zur Lösung. Ohne dieses Machtgleichgewicht landen Paare bei der Scheidung.

Im Folgenden wieder einige Beispiele aus der therapeutischen Praxis. Ein magersüchtiges Mädchen benötigte einige Monate stationäre Zwangsernährung und einige Jahre Familientherapie, um gesunden zu können. In der Familientherapie ging es sehr bald um die Gleichberechtigung von Männern und Frauen. Hatte bis zum Ausbruch der Krankheit der Vater alles in der Familie entschieden und auch die Lebenspläne von Frau und Tochter bestimmt, so musste er sich in der Therapie bald mit dem aufkeimenden Unmut seiner Frauen konfrontiert sehen. In der Folge trafen Frau und Tochter immer öfter selbstbestimmte Entscheidungen: Die Frau kehrte in ihren Beruf zurück, die Tochter wechselte Schultyp, Hobbys und Berufsziel. Und war der Vater anfangs noch über seinen Machtverlust verärgert, so entdeckte er schließlich, dass es sich mit einer zufriedenen Frau wesentlich besser leben lässt als mit einer verhärmten. Und schließlich freute er sich aufrichtig über seine gesunde und selbstbewusste Tochter.

Ein Unternehmer lässt sich von seiner Frau, die unter Depressionen leidet, zu einer Partnertherapie überreden. Gewohnt, als Mann und Chef nüchtern und sachlich die Entscheidungen zu treffen, sucht er nach technischen Lösungen und wertet die Gefühlsbestimmtheit seiner Frau ab. Mit der Zeit verschieben sich diese Wertigkeiten. Der Mann entdeckt, wie sehr er von seinen eigenen Emotionen geleitet ist und wieviel Wahrheit in den „hysterischen" Emotionen seiner Frau steckt. Die beiden entwickeln einen offenen Gesprächsstil, in dem der Mann seiner Frau zuhört und diese sich in ihrer Gefühlswahrnehmung ernst genommen fühlt. Die Frau lernt, negative Gefühle zu beachten, und macht die Erfahrung, dass man sich depressive Stimmungen von der Seele reden kann.

DIE LÖSUNG

Die Frau eines Unternehmers möchte sich scheiden lassen, weil das Leben mit ihrem Mann unerträglich geworden ist: Er gebärdet sich als Tyrann, hat ständig Wutausbrüche und ist meistens betrunken. Da die Frau in das Unternehmen eingeheiratet hat, darf sie im Betrieb den Mund nicht aufmachen, während die Geschwister des Mannes ständig hineinregieren. In einer Einzeltherapie klagt die Frau ihr Leid und sieht sich anfangs in einer ausweglosen Lage, weil sie die ersehnte Scheidung auch als Niederlage erlebt; denn dann hätte die Familie des Mannes gewonnen und sie endlich vertrieben. Langsam erkennt sie, dass die Sichtweise „mächtiger Mann – ohnmächtige Frau" gar nicht stimmt. Vielmehr gebärdet sich ihr Mann wie ein hilfloses Kind, fühlt sich völlig überfordert und von seinen Verwandten schikaniert. Ohne seine Frau würde er völlig zusammenbrechen. Mit diesem neuen Gefühl der eigenen Stärke geht sie zu ihrem Mann zurück, tritt sehr viel selbstbewusster auf und kämpft um ihre Position als Chefin. Der Mann ist so froh darüber, dass seine Frau ihn nicht verlässt, dass er sie erstmals als gleichberechtigte Partnerin an seiner Seite agieren lässt; er begreift, wie dringend er sie als Bündnispartnerin braucht, um aus seiner Überforderung herauszufinden. Allmählich geht auch sein Alkoholkonsum zurück.

Weil sexuelle Gewalt oft der versteckte Familienhintergrund von Eheproblemen ist, ist der gegenseitige Respekt im sexuellen Bereich besonders wichtig: Ein Mann sucht sich eine Freundin, weil seine Frau nie mit ihm schlafen will. Als die Frau dahinterkommt, besteht sie auf einer Partnertherapie, um die Ehe zu retten. Die Klagen des Mannes, dass die Frau ihn sexuell abweist, beantwortet sie mit dem Vorwurf, dass er sie ständig sexuell bedränge. Sie berichtet von Engegefühlen beim Sexualakt und von der Angst, noch mehr Kinder zu bekommen, sie hätten doch schon genug. Missbrauchserfahrungen von Mutter und Großmutter tauchen als Hintergrund dieser Enge- und Ekelgefühle auf. Das leuchtet dem Mann ein und er begegnet seiner Frau im erotischen Bereich mit mehr Verständnis und Vorsicht. Als er bekennt, dass ihm natürlich seine Frau besser gefalle als die Freundin, die nur eine Notlösung war, und er deshalb diese Nebenbeziehung beendet, fühlt sich seine Frau neu umworben und geschätzt. Das Paar erlernt neue Formen der achtsamen Werbung, und die Begegnung der beiden wird sanfter, behutsamer, aber auch leidenschaftlicher.

Die Märchen aus unserer Kindheit gehen meist so aus, dass ein Prinz seine Prinzessin findet und beide als König und Königin ihr Land regieren. Wenn wir wollen, dass unsere Liebesgeschichten wie im Märchen enden, dann müssen wir die Märchen ernst nehmen und die wichtigste Konsequenz daraus ziehen: Nur dann, wenn wir unserem Partner mit so viel

Respekt begegnen, wie es einer Königin oder einem König gebührt, ist gemeinsames Regieren möglich. Wenn der König über die Welt des Mannes und die Königin über die Welt der Frau herrscht und man sich nicht gegenseitig hineinregiert, können sich beide Welten entfalten. Dann werden König und Königin zu gleichen Teilen zum Symbol des Selbst, das jeder Mensch in sich trägt und das sich in der Partnerschaft entfaltet.

XXX. Iphigenies Lösung: Der Schutz vor Wiederholung

Iphigenie ist dem Grauen in ihrer Familie entkommen. Sie wurde von der mächtigen Göttin an einen Ort gebracht, wo sie sicher war vor der Gewalt des Vaters und vor den Ansprüchen der griechischen Heerscharen. Das war Iphigenies Lösung: entkommen und sicher sein. Wenn man seine Familie nicht ändern kann, weil diese sich nicht ändern will, ist es am besten zu fliehen. Man braucht dazu aber einen sicheren Ort, wo man nicht gefunden wird; und eine mächtige Instanz muss sicherstellen, dass man nicht an den Ort des Schreckens zurück muss. Nur wenn man sicher ist, dass sich eine traumatische Erfahrung nicht wiederholen wird, kann man beginnen, sich davon zu erholen. Dieser Schutz vor Wiederholung sollte eigentlich das Mindeste sein, was wir den Opfern der Gewalt anbieten.

Wenn ein Kind in ein Heim eingewiesen wird, geschieht das oft in der Intention, es vor Gewalt und Missbrauch zu schützen; und besonders dann, wenn es freiwillig ins Heim will, geht diese Intention auch auf: Vor Jahren musste ich als Psychologe einen Zehnjährigen begutachten. Als dieser zu mir Vertrauen gefasst hatte, bat er mich um Hilfe: „Ich möchte weg von zu Hause. Der Papa schlägt die Mama. Es geht so zu! Ich halte das nicht mehr aus. Manchmal schlägt er auch mich. Ich will weg." Mit Hilfe des Jugendamtes wurde das Kind in eine therapeutische Wohngemeinschaft eingewiesen. Durch Gerichtsbeschluss war sichergestellt, dass die Eltern ihn nicht wieder nach Hause holen konnten. Jahre später besuchte ich den Buben in der Wohngemeinschaft und fand ihn in sehr gutem Zustand, obwohl, wie er mir erzählte, sein Vater inzwischen die Mutter umgebracht hatte. Ich war froh, dass wir dem Wunsch des Kindes entsprochen hatten: Er hatte die Gefahr gespürt und sich rechtzeitig einen sicheren Ort gesucht. Zu Hause hätte er vielleicht nicht überlebt.

Als die Amerikaner das KZ Mauthausen befreiten, konnten die Überlebenden endlich aufatmen. Sie wussten, dass die Gefahr vorbei war, dass sie nun in Schutz und Sicherheit waren. Sie erhielten Nahrung, Bekleidung, menschenwürdige Unterkunft und medizinische Versorgung und

Die Lösung

wussten, dass der Schrecken endlich ein Ende hatte und dass sie nun als freie Menschen vor der Wiederholung des Grauens sicher waren. In den Lagern, die von der Roten Armee befreit wurden, war die Erleichterung ähnlich groß – nicht jedoch der Schutz vor einer Wiederholung des Schreckens. Seit Öffnung der Archive in Moskau wissen wir, dass manche der zu Kriegsende Befreiten, die im sowjetischen Machtbereich verblieben, Gefahr liefen, der stalinistischen Säuberung zum Opfer zu fallen, und oft sogar in einem Gulag-Lager gelandet sind.

Für die Opfer von Gewalt ist der wichtigste Schritt zur Heilung, dass sie in einen sicheren Bereich kommen, wo sie sich vor der Wiederholung der Gewalt geschützt fühlen können. Wenn die seelischen Störungen, die Angstzustände, die Paranoia und das aus der Panik heraus so merkwürdige Verhalten nicht verschwinden, liegt dies oft daran, dass die Opfer sich keineswegs sicher fühlen und ständig mit neuen Grausamkeiten rechnen. Oft haben sie recht damit, und es nutzt darum auch nichts, wenn wir ihnen die Angst ausreden. Bei sexuellem Missbrauch etwa ist der wichtigste Schritt jener, den Missbrauch abzustellen und das Opfer aus dem Machtbereich des Täters zu nehmen (also etwa den Täter aus der Wohnung zu weisen). Opfer von sexuellem Missbrauch machen aber oft die Erfahrung, dass es keinen Schutz gibt, weil der Missbrauch nicht bewiesen werden kann, zuweilen der Täter vor Gericht noch Recht erhält und der Missbrauch als hysterische Fantasie abgetan wird. Es gibt Fälle, in denen missbrauchte Töchter, die per amtlichem Beschluss aus der Familie in eine Klinik gebracht worden waren, von den missbrauchenden Vätern mit Gewalt wieder nach Hause geholt wurden – und der Missbrauch ging weiter. Da ist es nicht verwunderlich, wenn das Opfer dann nur noch schlimmere Symptome bekommt und schließlich sogar den Selbstmord wählt.

Wenn ein Kind seine Eltern verloren hat oder gewaltsam von ihnen getrennt wurde, hat es verständlicherweise Angst vor jeder weiteren Trennung. Es möchte endlich wieder eine Familie haben, die es nicht verlassen muss. Der wichtigste Schritt zur Heilung ist dann, dass dieses Kind nicht auch noch seine Ersatzeltern verliert. Die SOS-Kinderdörfer waren deshalb so erfolgreich, weil sie den Kindern, die ihre Eltern verloren hatten, meist garantieren konnten: Jetzt bleibst du bei uns, hier geht es dir gut und hier musst du nicht wieder weg. Wenn ein Mensch an einer Vergiftung erkrankt, so ist die wichtigste Maßnahme, zu verhindern, dass der Mensch diesem Gift weiter ausgesetzt ist.

Die meisten Menschen können einmalige seelische Verletzungen wegstecken. Wenn sie jedoch immer wieder an derselben Stelle verletzt werden, brechen sie schlussendlich zusammen. Alle medizinischen und psychologischen Hilfsmaßnahmen sind daher zuallererst daraufhin zu überprüfen, ob sie nicht in ihrem Effekt Parallelen zum ursprünglichen Trauma aufweisen; denn wenn das der Fall ist, richten sie meist mehr Schaden als Nutzen an. Das zeigt das Beispiel einer Frau, die ein Internierungslager in Jugoslawien überlebt hatte und der die Internierung auf der geschlossenen Psychiatrie mit Elektroschockbehandlung endgültig den Lebenswillen gebrochen hat. Wo bereits ein Vertreibungsmuster besteht, wirkt es sich umso verheerender aus, wenn man immer wieder aufs Neue vertrieben wird – auch wenn sich die Vertreibung oft als Hilfe tarnt: Wenn das eine Spital nichts hilft, wird ein besseres Spital gesucht; wird das erste Heim mit einem Problemkind nicht fertig, wird ein weiteres Heim gesucht. Bei solcher Suche nach immer besseren Spitalseinrichtungen oder Unterbringungsmöglichkeiten wiederholt sich für den Patienten jedoch nur die ständige Vertreibung und Ausstoßung aus den sozialen Netzen.

Besonders bei Kindern ist es wichtig, dass sich eine in der Vergangenheit erfolgte gewaltsame Trennung von den Bezugspersonen nicht wiederholt. Das ist aber kein seltenes Schicksal von Heim- und Pflegekindern. Wann immer sie sich in einer Familie verwurzelt haben, kommt ein mächtiger Experte und entscheidet, dass sie erneut in eine andere Umgebung zu verpflanzen seien. Nach einigen solchen Verpflanzungen werden die Kinder immer schwieriger und vertrauen schließlich niemandem mehr. Viel wichtiger wäre es, diese Kinder ihren rechtmäßigen Bezugspersonen zurückzugeben oder zumindest zu den gesunden Teilen der Familie den Kontakt wiederherzustellen.

Dazu möchte ich ein Beispiel erzählen, das mich sehr berührt hat: Vor vielen Jahren lernte ich an einer Beratungsstelle einen kleinen Buben kennen, der per Gerichtsbeschluss seiner Mutter weggenommen worden war und bei der väterlichen Familie aufwuchs. Dies wurde damit begründet, dass die Mutter eine „verdorbene" Frau wäre, was immer dies heißen mochte. Das Kind war damals sehr unruhig und schwierig; ein Kollege führte eine Psychotherapie mit ihm durch und ich verlor es aus den Augen. Fünf Jahre später landete dieses Kind bei mir in dem Spital, in dem ich damals arbeitete. Es war inzwischen noch schwieriger geworden, auch die väterliche Familie hatte nicht geschafft, das Kind richtig zu erziehen, und es daraufhin in ein Heim gegeben. Schlussendlich wurde auch das Kinderheim mit diesem Kind nicht fertig und überwies es an das Spital zur Begutachtung. Die wichtigste Intervention während des Spitalsaufenthaltes war, dass wir die leibliche Mutter des Buben zu einem Besuch einluden. Auch heute noch spüre ich die Berührung, die ich bei diesem Treffen erlebte. Mutter und Sohn, die sich seit zehn Jahren nicht hatten sehen dürfen, strahlten sich an. Der Sohn konnte erkennen, dass seine Mutter nicht eine böse, verdorbene, sondern eher eine arme, leidgeprüfte Frau war.

Das Wesentlichste aber war – er durfte wieder seine Mutter haben, sie lieben und sich sicher sein, dass er von seiner Mutter geliebt wurde. Daraufhin beruhigte er sich und fand zurück in ein sozial angepasstes Leben.

Es scheint in der Behandlung von seelisch kranken Menschen am Wichtigsten zu sein zu beachten, welches Gift in Zukunft vermieden werden muss, weil es eben gerade dieser Mensch nicht mehr vertragen kann. Umgekehrt ergibt sich aus dem Schutz vor Wiederholung des Traumas die richtige Hilfestellung, die dem Patienten tatsächlich nützt:

Trauma	zu vermeidende Wiederholung	Therapie
Tod und Verlust	weitere Trennungen	Ersatzbeziehungen
Vertreibung	Ortswechsel, sozialer Ausschluss	Kontinuität
Verstümmelung	weitere Entwertung	Rehabilitation
sexuelle Gewalt	sexuelle Übergriffe und Nötigungen	Körpergrenzen
Kindesraub	Entwurzelung	leibliche Eltern
Tod der Ahnen	Entwertung der Herkunft	kulturelle Wurzeln

XXXI. Chrysothemis Lösung: Die Rehabilitierung

Was in aller Welt trägt Chrysothemis zur Lösung der Tantaliden-Qualen bei? Hat sie, die geborene Anti-Heldin, die Unauffällige, Farblose, der jeder Mut zu eigenem Handeln fehlt, in dieser Geschichte überhaupt irgendetwas zu sagen?

Im Unscheinbaren liegt manchmal der größte Schatz verborgen. Chrysothemis zeigt in ihrem Verhalten das, wonach sich die Schwachen, Kranken, Behinderten und Ausgestoßenen so sehr sehnen: Normalität und Unauffälligkeit.

Normalität wird in unserer Gesellschaft allerorts gefordert. Der Mensch soll einem Norm-Bild entsprechen: jung, gesund, angepasst, fit und intelligent. Alle psychisch Kranken, alle Sonderschüler, Arbeitslosen und Behinderten würden gerne in diese Normalität zurückfinden. Unsere Gesellschaft wird von den Unauffälligen, Normalen getragen. Denen aber wird wieder ständig das Außerordentliche und Auffällige als Idol vor die Nase gesetzt – als wäre es normal, ein Held zu sein; als wäre das Normale unzureichende Anormalität.

Chrysothemis' Beitrag ist somit die Aufwertung des normalen Menschen. In einer Welt, in der die Helden sterben, ist es besser, kein Held zu sein. Wo Handeln zu Mord und Totschlag führt, ist es manchmal heilsamer, nicht zu handeln. Die grauen Mäuse haben immer schon die Dinosaurier überlebt. Die Aufwertung des normalen, kleinen Mannes entlarvt die schiefe Optik der Mächtigen und führt zum Einsturz absoluter Macht:

Das Ende von Diktaturen geht damit einher, dass die von der Diktatur Entwerteten und Inhaftierten wieder ihre früheren Rechte erhalten. Der Kampf um Menschenrechte und die Arbeit von Organisationen wie Amnesty International zielen darauf ab, den Menschen ihre Würde zurückzugeben, die diese auf Grund von gewaltsamen Ereignissen verloren haben. Nach dem Zweiten Weltkrieg wurden die Mitglieder der Christdemokratischen und Sozialistischen Parteien wieder in ihre früheren Rechte eingesetzt, nachdem sie von den Nationalsozialisten über Jahre inhaftiert worden waren. Die jüdische Bevölkerung durfte wieder zeigen, wie viel Intelligenz und Fähigkeit in ihr steckte. Das Bild vom slawischen Untermenschen durfte im Müllhaufen der Geschichte landen. „All men are created equal" – das Gleichheitsprinzip der westlichen Demokratien gab den Menschen ihre Würde zurück.

Dennoch wirken im Geheimen soziale Abwertungsmechanismen weiter. Gerade gegenüber psychisch Kranken, geistig Behinderten und sozial Schwachen sind Vorurteile nach wie vor weit verbreitet. Psychisch kranke Menschen, die meistens eine lange Geschichte von Abwertung und sozialer Ausgrenzung hinter sich haben, haben diese Abwertungsmechanismen verinnerlicht und werten sich ständig selbst ab. Sie haben das Gefühl, Menschen zweiter Klasse zu sein, wertlos, Sozialschmarotzer. Wie der Aufbau einer demokratischen Gesellschaft auf der Wiederherstellung der Menschenwürde der Unterdrückten basiert, kann die psychische Gesundheit nur unter der Voraussetzung gelingen, dass man absolut und uneingeschränkt an die Würde jedes Menschen glaubt – und sei er im Augenblick noch so schwach oder krank.

Die Aufwertung der Persönlichkeit ist daher das wichtigste Instrument der Psychotherapie. Gerade bei sozialen Verhaltensstörungen bedarf es dazu aber der Technik der positiven Umdeutung. Von vielen aggressiven Jugendlichen wird ein Bild vermittelt, als hätte man es mit einem Monster oder einem wilden Tier zu tun, das vernichtet oder eliminiert gehört. Die Rehabilitation erfolgt dadurch, dass man auch diesem schwierigen Menschen seine Würde zurückgibt. Dazu bedarf es eines positiven Menschenbildes, wie es besonders Carl Rogers in seiner Theorie der Selbstaktualisierung formuliert hat: Nur wenn ich an die Möglichkeit glaube, dass auch ein schwieriger Mensch einen guten Kern in sich hat, werde ich diese Ressourcen aktivieren können. Es ist dabei nicht unwichtig, ob ich

Die Lösung

glaube, dass schlechte Menschen auf Grund ihrer genetischen Anlagen sich nicht verändern können und daher in Gefängnissen verwahrt werden müssen, oder ob ich daran glaube, dass die Probleme eines Menschen Reaktionen auf schlechte Erfahrungen sind und dass jeder Mensch befähigt ist, aus positiven Erfahrungen positive Konsequenzen zu ziehen.

Die Opfer von Gewaltereignissen kommen meist doppelt zu Schaden. Zum eigentlichen Trauma kommt noch die Verachtung der Umwelt hinzu: Ihnen wird die Schuld an ihrem Unglück zugeschoben. Wer eingesperrt wird, hat sich etwas zu Schulden kommen lassen. Wer seine Liebsten verloren hat, ist von Gott gestraft worden. Wer krank geworden ist, ist schlecht mit seinem Körper umgegangen. Wer arm geworden ist, ist ein fauler Sozialschmarotzer. Die Opfer unterliegen einem kollektiven Verdrängungsprozess, weil sich die Gesellschaft dem Negativen nicht stellen will und es von sich weist, indem es die Probleme bestimmten Problemgruppen und Sündenböcken zuschiebt. Die Opfer sind daher meist auch die Sündenböcke und bekommen zu ihrem Unglück noch die Prügel dazu.

Man nimmt psychisch Kranken bereits die Hälfte ihrer Last, wenn man diesen Schuldzuweisungen und Sündenbockmechanismen ihnen gegenüber nicht mehr folgt. Die Hälfte der psychotherapeutischen Arbeit besteht darin, den seelisch Kranken ihre Würde zurückzugeben und ihr Selbstbewusstsein zu stärken. Und das ist nicht etwa eine leere Technik, die man vortäuscht, damit es den Kranken besser geht (dann würde es auch nicht geglaubt werden und hätte keinen Effekt): Die Rehabilitierung der Opfer in ihrer Würde ist ein essenzieller Bestandteil jeder Heilung. Die Sicht des Opfers als eines selbstverantwortlichen Menschen, der ein extremes Unglück mit erstaunlicher Kraft überlebt hat, verändert das Bild des psychisch Kranken dramatisch. Damit verschwindet auch die Angst, seine Schwächen und Fehler zuzugeben: Wenn man nicht mehr fürchten muss, zum Schaden auch Hohn und Spott zu erleiden, kann man sich offener zeigen. Es macht einen Unterschied, ob wir über schwierige Monster reden oder über arme Waisenkinder, die Betreuung und Zuwendung brauchen. Es macht einen Unterschied, ob wir Vertriebene als asoziale Elemente ansehen, die im eigenen Land keiner haben wollte, oder als Menschen, die der Gewalt weichen mussten und dabei Haus und Hof verloren haben. Es macht einen Unterschied, ob wir in Verstümmelten hässliche Quasimodos sehen oder ob wir uns in den Schmerz einfühlen, der beim Verlust eines Armes oder Beines entsteht. Es macht einen Unterschied, ob wir ängstliche Menschen als Schwächlinge ohne Existenzberechtigung ansehen oder als gequälte Opfer, deren Selbstwertgefühl in jahrelanger Folter niedergeprügelt worden ist. Es macht einen Unterschied, ob wir die Opfer sexueller Gewalt als verdorbene Huren betrachten oder als gequälte

Frauen, die endlich beschützt werden müssen. Es macht einen Unterschied, ob wir in geraubten Kindern verwahrloste Aggressive sehen oder Kinder, die in panischer Verwirrung nach ihren Eltern suchen. Die Rehabilitierung der Opfer einer Diktatur ist ein wesentliches Element in jedem demokratischen Aufarbeitungsprozess, ist notwendig für die Aufarbeitung der Vergangenheit. Die Rehabilitierung ist so essenziell, dass sie mit Recht oft auch nach dem Tod der Opfer noch gerichtlich eingefordert wird.

Warum kann man nicht einfach Gras über die Sache wachsen lassen, wenn diese doch längst vergangen und vergessen ist? – Das Selbstbild der Menschen wird durch seine Vorbilder geprägt. Deshalb ist es für eine Familie nicht gleichgültig, ob die Vorfahren der Kriminalität bezichtigt werden oder als ehrenwerte Bürger gelten. Das Selbstbild des Menschen prägt sich durch die Bilder, die ein Mensch von den Eltern und Großeltern in sich aufnimmt. Ein negatives Selbstbild entsteht aus negativen Vorbildern, ein positives Selbstbild aus positiven Vorbildern.

Die Vorfahren werden in der Überlieferung der Familie zu Mythen, die die Familienmuster in positive oder negative Richtung prägen. Der Tantalusmythos ist eine solche negative Prägung. Alle Nachfahren werden wie Tantalus zu Mördern und Verbrechern, weil sie der Macht dieses negativen Mythos erliegen. Ebenso aber kann eine Familie durch einen positiven Erfolgsmythos geprägt sein, der etwa vom Vater auf den Sohn übergeben wird mit den Worten: „Schau her, das habe ich alles geschafft, auch du wirst es im Leben zu etwas bringen." Viele Menschen mit einem negativen Selbstwertgefühl erliegen dem Versagermythos: Alles, was die Väter und Vorväter gemacht haben, gilt als schlecht. Keiner hat es geschafft, etwas Besonderes aus seinem Leben zu machen. Die Rehabilitierung besteht dann in der Korrektur dieser negativen Mythologie.

Dazu ein Beispiel: Ein Sohn hält nicht viel von seinem Vater, der als „schwieriger" Mensch aus dem Krieg zurückgekommen, sein Leben lang ein kleiner Arbeiter geblieben ist und aus sich nichts Besonderes gemacht hat. In Belastungssituationen reagiert er aggressiv und wirkt dann ungerecht. Insgesamt stellt er also kein besonderes Vorbild für den Sohn dar, der seinen Vater deshalb auch ablehnt und beschließt, ganz anders zu werden. Die Rehabilitierung des Vaters als Opfer des Zweiten Weltkriegs ergibt ein positives Bild: Der Vater hat es geschafft, die Grauen dieses Krieges zu überleben und sich dabei nichts zu Schulden kommen zu lassen. Er hat sich von den Nationalsozialisten nicht verführen lassen, ist kein Nazi geworden, hat keine Kriegsverbrechen begangen. Er hat es geschafft, sich als Flüchtling in einem fremden Land eine neue Existenz aufzubauen. Er hat Geld erarbeitet und gespart, um die Ausbildung seiner Kinder zu finanzieren. Als der Sohn diese Fähigkeiten des Vaters wahrnehmen kann, söhnt er sich mit ihm aus und gewinnt dadurch auch mehr Vertrauen in die eigenen Fähigkeiten.

Ein anderes Beispiel: Eine Sonderschülerin macht große Probleme, ist schwierig, aggressiv und verweigert das Lernen. In der Familientherapie fällt als Erstes die Tatsache auf, dass die vier Geschwister des Mädchens alle erfolgreiche Gymnasiasten sind, das Mädchen also die einzige „Dumme" in der Familie ist. Dann wird klar, dass auch ihr Vater der „Dumme" in der Familie ist: Er wird von seiner Ehefrau und von seinen klugen Kindern als psychisch krank hingestellt und abgelehnt. Dahinter steckt ein jahrelanger Ehekrieg, in dem die Frau ihre Musterkinder als Waffe einsetzt, um ihren Mann klein zu kriegen, der offensichtlich längst zu einer Freundin abgewandert ist. Der Mann ist als abgelehntes, lediges Kind aufgewachsen und hat sich bereits ein Leben lang unfähig und ungeliebt gefühlt. In einer langen Einzeltherapie wird er rehabilitiert und in seinem Wert und seinen Fähigkeiten bestätigt. Zur gleichen Zeit gibt die Tochter, die sich aus Solidarität zu ihm mit seiner „dummen Rolle" identifiziert hatte, ihr pseudodebiles Verhalten auf, kann wieder lernen, macht eine Lehre und wird beruflich genauso erfolgreich wie ihre Geschwister.

In der Technik der Rehabilitierung gilt es, je nach traumatischer Erfahrung, ein bestimmtes negatives Zerrbild des Menschen durch ein Positivbild zu ersetzen:

Trauma	negatives Zerrbild	Positivbild
Tod und Verlust	schwieriges Kind	hilfsbedürftiges Waisenkind
Vertreibung	asoziales Element	entwurzelter Flüchtling
Verstümmelung	Krüppel	Unfallopfer
Entwertung	Schwächling, Idiot	unterdrücktes Opfer
sexuelle Gewalt	Hure	schutzbedürftige Frau
Kindesraub	aggressives Monster	verlassenes Kind

XXXII. Orests Lösung: Das Wiedererleben

Orest rettet die Tantaliden, weil er sich seinen Gefühlen stellt. Er erinnert sich an das, was seine Vorfahren verdrängt haben. Er empfindet den Schmerz, die Trauer, die Verzweiflung, die Scham und die Schuld. Indem er all diese scheinbar negativen Emotionen wieder fühlt, schafft er die Voraussetzung dafür, dass die seelischen Traumata ausheilen können. Er kann das Schreckliche nicht vergessen – und das ist gut so. Vielleicht könnte Orests Lösung auch für die Gesellschaft als Ganzes ein Vorbild sein.

„Niemals vergessen" war ein wichtiger Wahlspruch nach Ende des Krieges: Seine Schrecken sollten für immer im Gedächtnis der Menschheit bleiben, damit Ähnliches nie wieder passieren kann. Leider ist dieses Prinzip des „Niemals-Vergessens" bald selbst in Vergessenheit geraten. Es schien einfacher zu sein, den Mantel des Schweigens über die dunklen Kapitel der Vergangenheit zu breiten. Man wollte positiv in die Zukunft schauen und nach einiger Zeit erschien alles gar nicht mehr so schlimm.

Nun ist Vergessen und Verdrängen eine zutiefst menschliche Eigenschaft. Sie hilft uns, das Leben leichter zu nehmen und Probleme und Schwierigkeiten aus unserem Alltag auszublenden. Die Erinnerung an Gefahren ist aber lebensnotwendig: Nur wenn ich eine Gefahr erkenne, kann ich sie auch vermeiden. Wenn ich in eine gefährliche Situation hineingerate, kann ich sie umso besser bewältigen, je mehr ich darüber weiß. Erfahrung und Lernen aus Fehlern sind der Motor unserer Kultur. Und für den seelischen Gesundungsprozess eines Patienten ist es notwendig, dass er sich all dessen bewusst wird, was in seinem Leben schwierig gewesen ist, was ihn behindert, gebremst oder eingeschränkt hat. Er braucht dieses Erfahrungsmaterial, um sich selbst kennen zu lernen, seine Motive zu erfahren und sein Selbst richtig einschätzen zu können. Erst wenn er die Gesamtheit seines Erfahrungswissens überblickt, kann er sich von den negativen Ereignissen der Vergangenheit lösen und diese ad acta legen. Positives Denken funktioniert erst dann, wenn die negativen Bilder der Vergangenheit identifiziert und bekannt sind. Andernfalls schmuggeln sich diese negativen Bilder immer wieder herein, und der Mensch vermag nicht, positiv zu denken.

In einem therapeutischen Rahmen, der die Tatsache der Traumatisierung durch Gewalt anerkennt, die Symptome als sinnvoll deutet, den Schutz vor Wiederholung gewährleistet und dem Gewaltopfer seine Würde zurückgibt, stellt sich das Wiedererleben der traumatischen Erfahrungen meist von selbst und spontan ein. Wenn der Patient sich geschützt und geachtet fühlt, wird er allmählich oder manchmal auch sehr plötzlich von den traumatischen Erfahrungen überflutet. In der Therapie von Missbrauchs-opfern spricht man von Erinnerungs-Flashbacks, die oft von heftigen Emotionen begleitet sind. Dieses Einschießen der Erinnerung ist keine Krankheit oder Verrücktheit, sondern es kommt ein Bereich der Seele wieder in Bewegung, der oft jahrelang gewissermaßen auf Eis gelegt war, weil er unbewältigbar erschienen ist. Es handelt sich meist um jenen Bereich der Seele, wo sich der Mensch als Opfer von gewaltsamen Einbrüchen fühlt. Wenn diese Erinnerung mit all ihren Emotionen zugelassen wird, verändert sich die seelische Perspektive. Der Mensch weiß dann, von welchem Schicksal er sich tatsächlich verabschieden und lösen muss. Viele bis dahin unverständlichen Gefühle und Gedanken können plötzlich verstanden werden; die Schattenseiten der eigenen Persönlichkeit lassen sich in einen Sinnzusammenhang bringen: Der Mensch beginnt, sich selbst zu begreifen. Er weiß dann auch, wovor er in Zukunft auf der Hut sein muss, welche Situationen zu vermeiden sind. Er setzt seine Grenzen gegenüber der Umwelt neu, indem er Missbrauch, Abwertung, Verlust, Übergriffe oder Trennung nicht mehr zulässt. Die intensiven Gefühle gehen meist mit einem Gefühl der Evidenz einher, mit anderen Worten: Der Mensch ist sich ganz sicher, dass er die Wahrheit fühlt. Das Erkennen des eigenen Schattens ist gleichsam die Voraussetzung für das Erkennen des eigenen Selbst. Nur wer Tag und Nacht erlebt, kann die Drehung der Erde verstehen.

Trauma	begleitende Emotion	heilende Haltung
Tod und Verlust	Trauer	Verhindern von Trennung
Vertreibung	Panik	Verteidigen des eigenen Territoriums
Verstümmelung	Schmerz	Reintegration abgespaltener Teile
Entwertung	Minderwertigkeit	Selbstsicherheitstraining
sexuelle Gewalt	Ekel	Verteidigung der Körpergrenzen
Kindesraub	Wut	Familienzusammenführung
Tod der Ahnen	Verwirrung	Rückeroberung kultureller Wurzeln

Dazu ein Beispiel: Ein Hauptschüler wird zum Psychologen geschickt, weil er wegen aggressiven Verhaltens von der Schule zu fliegen droht. In den ersten Stunden gibt er sich sehr trotzig und kratzbürstig: Es sei ihm ohnehin egal, wenn er ins Heim müsse; er sei es gewohnt, ohne Vater auszukommen, dann würde er eben auch ohne Mutter auskommen. Auf meine Frage, warum er ohne Vater auskommen müsse, erzählt er, dass sein Vater vor sechs Jahren bei einem Verkehrsunfall ums Leben gekommen sei. Als ich bestürzt bin und ihm mitteile, wie sehr mir das leid tue, bricht plötzlich die ganze Traurigkeit des Vaterverlustes aus dem Jungen hervor. Mit den Tränen schmilzt auch der harte Panzer, den er sich zulegen musste, um in einer Umwelt zu bestehen, die seine Traurigkeit nicht sehen wollte. Ich darf ihn als symbolischer Ersatzvater bei der Hand nehmen und ihm bei der Lösung seiner schulischen Probleme helfen. Langsam erkennen auch die Lehrer, dass sie es hier nicht mit einem aggressiven, sondern mit einem traurigen Kind zu tun haben. Der Junge darf bleiben und schließt die Hauptschule mit gutem Erfolg ab.

XXXIII. Elektras Lösung: Sich durchackern und seine Wurzeln finden

Was können Heimatlose tun, die den Kontakt zu ihren Wurzeln verloren haben? Die die Welt ihrer Väter verloren haben, weil die Väter tot sind, und die die Welt ihrer Mütter verloren haben, weil sie den Müttern nicht mehr trauen? Die nicht mehr wissen, wo ihre Heimat ist, weil sie diese schon vor langer Zeit verlassen haben müssen? – Sie flüchten sich in eine Fantasie dieser Heimat, die beschönigt und idealisiert wird. Damals, in der guten alten Zeit, als unsere Familie noch die Villa in Schlesien hatte... Damals, als Vater noch lebte, da waren wir noch wer.

Wenn es bei der Fantasie bleibt, dann wird die Vergangenheit zu einem Korsett, das die Gegenwart erdrückt. Dann haben wir es mit so genannten Ewiggestrigen zu tun, die in Brauchtumsvereinen auf Revanche und Wiedergutmachung hoffen. Es genügt nicht, ein idealisiertes Bild der Vergangenheit zu haben. Es bedarf einer echten Auseinandersetzung mit dieser Vergangenheit, mit all den Schmerzen und Schattenseiten, die zum Verlust der eigenen Wurzeln, zum Verlust der materiellen und geistigen Heimat geführt haben. Wer den Boden unter den Füßen verloren und ins Reich der Fantasie abgehoben hat, muss auf den Boden der Tatsachen zurück und die Erde der Realität neu durchackern, um erneut Wurzeln schlagen zu können. Dabei muss man mit beiden Händen zupacken und handeln – und darf Schweiß und Tränen nicht scheuen.

Dass ist die Lösung der Elektra: Sie handelt und bringt die Auseinandersetzung mit der Vergangenheit in Gang. Sie rettet ihren Bruder Orest vor den Übergriffen der Mutter. Sie stachelt ihn auf, den Tod des Vaters zu rächen. Sie flüchtet und rettet ihr eigenes Leben – um in der Stunde der Auseinandersetzung zur Stelle zu sein.

Diese enorme Spannkraft der zutiefst traurigen Elektra erklärt sich aus ihrer Suche nach ihren Wurzeln, nach ihrer Vergangenheit, nach dem verlorenen Vaterland. Und zu dieser Suche gehört auch die Auseinandersetzung mit den Schmerzen dieser Vergangenheit, die in all ihren Facetten und Details angepackt werden muss.

Für den Patienten beginnt diese Auseinandersetzung mit dem Einschießen der Erinnerung an die traumatischen Erfahrung. Mit dieser ersten Erinnerung ist es aber nicht getan, sondern damit beginnt erst die Phase des mühsamen Durcharbeitens dieser Erfahrung in all ihren Details. Die schmerzhaften Erinnerungen an Gewalterlebnisse tauchen meist nicht nur einmal, sondern oftmals auf. Es ist keineswegs so, dass nach dem Einschießen der Erinnerung diese Erinnerung dann für immer verschwindet. Im Gegenteil: Diese Erinnerung wird immer präsenter und der Schmerz über das vergangene Erleben zunächst stärker. Das erklärt auch, warum viele Patienten vor dem Erinnern zurückschrecken: Sie haben das Gefühl, es ginge ihnen durch das Erinnern nur noch schlechter. Das Durcharbeiten der schmerzvollen Erinnerung ist jedoch die Voraussetzung für die Heilung. Wer sich Schmerz und Trauer eingesteht, erlaubt damit seiner Seele, die traumatische Erfahrung tatsächlich zu verarbeiten. Indem Schmerz, Angst und Trauer immer wieder ins Bewusstsein gelangen, tritt langsam ein Effekt der Desensibilisierung ein. Was beim ers-ten Erinnern noch erschreckend war, wird langsam vertraut – und wir hören auf, uns vor diesen Erfahrungen zu fürchten. Je mehr wir uns mit diesen Erfahrungen beschäftigen, umso mehr Klarheit erhalten wir über das, was tatsächlich geschehen ist. Und wir werden uns dadurch über unsere Lebensgeschichte und über uns selbst immer klarer.

Das Durcharbeiten geschieht aber nicht nur vertikal, indem wir uns die Zeitachse entlang in die Vergangenheit zurückarbeiten, sondern auch horizontal, indem wir die verschiedenen Bereiche der Gegenwart immer besser erfassen. Jedes Thema wird in all seinen Schattierungen und Analogien in den verschiedensten Zusammenhängen aufgespürt. Im Bewusstsein entstehen immer mehr Querverbindungen, die deutlich machen, welch verschiedene Erfahrungen mit dem Trauma der Vergangenheit zusammenhängen. Die Seele verhält sich wie ein Computer, der alle seine Programme auf Analogien durchsucht, analoge Erfahrungen identifiziert und miteinander verkettet. Wenn ein Patient beispielsweise ein Trennungstrauma als Wurzel seiner Probleme erkennt, also sich etwa in die Trauer eines Waisenkindes einfühlt, das gerade seine Eltern verloren hat, dann beginnt er sein Verhalten in den verschiedensten Trennungssituationen zu verstehen. Er begreift plötzlich, warum er in vielen Situationen in Panik gerät: Sie erinnern ihn alle an die Ur-Trennung und lassen die Angst des Waisenkindes hochkommen. Er kann auf diese Weise sein Verhalten besser einordnen und gewinnt seine Handlungsfähigkeit zurück. Indem der Patient sein Muster der Trennungsangst erkennt, kann er nun die Wirklichkeit differenzieren und unterscheiden zwischen Situationen, in denen man tatsächlich Trennungen bewältigen und verarbeiten muss, und Ereignissen, die sehr wohl Geborgenheit, Sicherheit und Stabilität vermitteln. Wenn ein Patient ein Vertreibungsmuster als Ursache seiner Angst erkennt, dann kann er vielleicht eine neue Antwort auf Lebenssituationen finden, in denen er sich bedroht oder sozial ausgeschlossen fühlt.

Flüchten oder Standhalten sind die zwei Grundmuster in Stresssituationen, die bereits Horst-Eberhart Richter ausführlich beschrieben hat. In der historischen Situation der Vertriebenen blieb nur die Flucht als Reaktion, weil das Leben durch Gewalt bedroht gewesen ist. In Situationen dagegen, in denen Menschen zu Sündenböcken gestempelt werden, ob in der Schule oder am Arbeitsplatz, sind Standhalten und das Einholen von Unterstützung die richtigen Handlungsalternativen.

Dazu eine Geschichte: Ein zehnjähriger Junge, dessen Familie eine lange Vorgeschichte von Flucht und Vertreibung hinter sich hat, wird durch sein Verhalten in der Volksschule zum Außenseiter. Es kommt zu einem Aufstand vieler Eltern dieser Schulklasse, die allesamt den Ausschluss dieses Schülers fordern, weil er auf seine Mitschüler einen schlechten Einfluss habe. Der Schüler und seine Mutter werden zur Familientherapie geschickt, und es zeigt sich dabei, dass der Bub keineswegs bösartig, sondern eher verwirrt und unruhig ist und sich vor allem sehr rasch von seiner Umwelt bedroht fühlt. Durch das Ansprechen von verschiedenen Bedrohungs- und Vertreibungssituationen, die die Familie, die immer wieder ihre Heimat aufgeben musste, in der Vergangenheit erlebt hat, wird das Kind ruhiger, weil es sich nun verstanden fühlt. Schließlich erlebt die Familie an einem Elternabend etwas Neues: Die massive Front der Eltern, die dieses Kind ablehnen, sieht sich einer Front von Unterstützern gegenüber (Inspektor, Direktor, Lehrerin, Psychologe, Kinderarzt), die alle dafür plädieren, das Kind nicht auszuschließen, es in der Schule zu integrieren und zu unterstützen. Durch diese neue Sichtweise und die erlebte Unterstützung bricht das Thema der Vertreibungsangst in sich zusammen und das Kind lernt, sich so zu verhalten, dass es sich nicht mehr als Sündenbock, der zu eliminieren ist, anbietet.

Die Phase des Durcharbeitens ist, wie man sieht, mitunter harte Arbeit, bei der gewissermaßen ein Kampf zwischen altem und neuem Muster, zwischen Vergangenheit und Zukunft stattfindet. Die alte traumatische Erfahrung inszeniert sich immer wieder neu, und die Seele testet, ob die alte Erfahrung sich bestätigt oder ob sie durch eine neue heilsame Erfahrung korrigiert wird. Lange gibt es dabei ein Auf und Ab, ein Hin und Her, bei dem Patient manchmal in seine alte Angst zurückfällt, weil sich sein Trauma zu bestätigen scheint, dann aber wieder Mut schöpft und doch an neue Erfahrungen zu glauben beginnt. Die Identifizierung der traumatischen Muster ist deshalb so wichtig, weil man nur so bewusst aus den alten Erfahrungen aussteigen kann und andernfalls immer neu in eine traumatische Verletzung hineintappt und diese sich dann bestätigt. Menschen, deren Selbstwertgefühl verletzt worden ist, geraten beispielsweise immer wieder in Situationen, in denen ihr Selbst neuerlich niedergeknüppelt wird. Jeder Fehler, jedes Versagen, das mit Kritik und negativem Feedback beantwortet wird, aktiviert das Muster des negativen Selbst aufs Neue und bestätigt die Meinung der abwertenden Eltern: „Du bist ja doch ein Trottel!"

Der Patient versucht in jeder Alltagssituation, sich seinen Selbstwert zu beweisen, fürchtet aber zugleich, dass sich nur sein negatives Selbstbild bestätigen wird. Es ist daher mühsame Kleinarbeit, in all diesen Alltagssituationen immer wieder den positiven Aspekt der Fähigkeiten, der Ressourcen, der Wertigkeit dieses Menschen herauszufinden und zu betonen. Erst langsam wird der Patient dann dieses neue Selbstkonzept glauben und übernehmen. Einer meiner Kollegen hat das mit folgenden Worten zusammengefasst: „Zu mir kommen Leute, denen es schlecht geht und die nur negative Botschaften von ihrer Umwelt bekommen. Lange Zeit bin ich der Einzige, der überhaupt an den Wert dieses Menschen glaubt, und das gibt ihm langsam die Kraft, dass er selbst beginnt, an sich zu glauben. Erst nach langer Zeit finden sich auch andere, die das Positive in diesem Menschen sehen, und dann werde ich langsam als Therapeut überflüssig."

Das Schwierige und Langwierige in der Phase des Durcharbeitens ist, dass sich das traumatische Muster in den verschiedensten Gewändern immer wieder neu verkleidet und durch die Hintertür wieder hereinkommt, wenn man es bei der Vordertür hinausgeworfen hat. Es genügt nicht, das Muster einmal erkannt zu haben und dann zu beschließen, nie wieder darauf hereinzufallen. Das Urgefühl des Patienten ist oft so mächtig und massiv, dass es durch jeden analogen Reiz neu ausgelöst werden kann.

Zur Löschung eines negativen Musters bedarf es daher vieler Wiederholungen auf all den verschiedenen Feldern, in denen sich eine Erfahrung neu inszenieren kann. So wird eine Verlusterfahrung durch Situationen aktiviert, die scheinbar gar keinen Verlust beinhalten, etwa dadurch, dass sich ein Kind von den Eltern abnabelt und selbstständig wird. Der Auszug eines Kindes in Pubertät oder Adoleszenz, der einen positiven Entwicklungsschritt darstellt, löst Ängste aus, das Kind zu verlieren und nie mehr wiederzusehen, weil man bereits einmal ein Kind verloren hat. Oder die Loslösung von den Eltern führt dazu, dass man mit ihnen total brechen muss, weil unbewusst die Loslösung von den Eltern mit dem Verlust der Eltern gleichgesetzt wird, der schon einmal stattgefunden hat. Viele Generationenkonflikte in Pubertät und Adoleszenz, die mit dem Bruch zwischen Eltern und Kindern enden, sind ein Aufflammen von alten Verlusten und traumatischen Trennungen, die sich neu inszenieren. Wenn dieser Zusammenhang durchgearbeitet werden kann, entspannt sich nicht selten der Konflikt, und die erwachsenen Kinder können wieder in Ruhe die Verbindung zu ihren Eltern aufnehmen.

Halten wir in einem Überblick fest, welche analogen Muster zu den traumatischen Erfahrungen passen und welche neuen Erfahrungen notwendig sind, um das alte Muster zu löschen:

Trauma	analoge Muster	neue Erfahrung
Tod und Verlust	Trennung, Ablösung	Nähe-Distanz-Regulation
Vertreibung	Mobbing	Integration
Verstümmelung	Abwertung	Integration aller Eigenschaften
Entwertung des Selbst	Versagensängste	Selbstakzeptanz
sexuelle Gewalt	sexuelle Belästigung	positive Werbung
Entwertung der Liebe	Lieblosigkeit	Partnertraining
Kindesraub	Heimeinweisungen	Erhalten d. Eltern-Kind-Beziehung
Verlust der Ahnen	Gastarbeiterprobleme	Kulturelle Integration

XXXIV. Ore-genies Lösung: Die Heilung

Nach all den schwierigen Themen, die wir in diesem Buch behandelt haben, kommen wir nun zur positiven Botschaft: Die Heilung seelischer Probleme und seelisch bedingter Symptome ist in jedem Falle möglich, auch wenn es manchmal schwierig oder unerreichbar scheint. Wenn sogar die Tantalusgeschichte eine positives Ende findet, dann kann auch jede andere Familie aus dem Teufelskreis seelischer Verletzungen aussteigen.

Interessanterweise ist die Heilung der Tantalusverletzung eine Koproduktion. Es ist nicht ein Held für sich allein, der die Vergangenheit bewältigt, sondern es braucht die Beziehung zwischen zweien. Das Opfer Iphigenie und der Täter Orest erkennen sich, verzeihen einander und unterstützen sich gegenseitig bei der Bewältigung ihrer schrecklichen Familiengeschichte. Orest und Iphigenie finden gemeinsam die Lösung. Für diese Beziehungsleistung brauchen wir daher einen neuen Namen: Ore(st-Iphi)genie. Da jeder eine Hälfte zu dieser Lösung beträgt, soll er/sie auch eine Namenshälfte dazu besteuern: Oregenies Lösung. Es braucht Mann und Frau, um die Gewalt zu beenden, die zwischen Vater und Mutter gesät wurde.

Aber ist es nicht doch ein Märchen, dass derart extreme Gewalttraumata ganz ausheilen können, als wäre nie etwas gewesen? Sollten wir uns nicht mit unserem Schicksal, unserer genetischen und sozialen Begrenzung abfinden? Versprechen wir den psychisch Kranken nicht zu viel, wenn wir von der Möglichkeit einer Heilung reden? Sind wir Gefangene unseres Schicksals oder ist jeder Mensch seines Glückes Schmied?

Es gibt in der Seele eine Selbstheilungstendenz, und jeder Mensch ist ständig auf der Suche nach dem Positiven – und auch fähig, in sich die richtigen Lösungen zu finden. Diese Selbstheilungstendenz hat Carl Rogers ausführlich beschrieben, und sie bestätigt sich in den scheinbar aussichtslosesten Fällen. Allerdings ist das Heilen eines seelischen Problems manchmal ein langwieriger Weg, der viel Geduld erfordert. All die bisher beschriebenen Schritte sind dafür notwendig: das Wahrnehmen der Tatsachen, das Beachten der Symptome, das Verhindern neuer Traumata, das Wiedererleben der traumatischen Ereignisse und das Durcharbeiten des negativen Musters in all seinen Schattierungen. Aber wenn man diesen Weg der Selbsterkenntnis und Selbstwahrnehmung beschreitet, sich mit den negativen Seiten seines Selbst konfrontiert und dabei Unterstützung, Beachtung und ein helfendes Gegenüber erlebt, dann verschwinden die Krankheitssymptome, manchmal rasch, manchmal allmählich und manchmal erst dann, wenn man schon aufgegeben hat und nicht mehr an die Heilung glaubt. Manchmal braucht die Lösung sehr lange, weil die traumatische Erfahrung so stark ist, das Hin und Her zwischen altem Muster und Heilungsmuster immer wieder aufs Neue erfahren werden muss. Manchmal bleibt ein Mensch deshalb krank, weil die traumatische Erfahrung immer dann wieder bestätigt wird, wenn er gerade beginnt, an das Positive zu glauben. Manchmal sind Menschen in einem Teufelskreis von traumatischen Erfahrungen gefangen, die das positive Heilungsbild als blanken Hohn erscheinen lassen. Dann wirken nur die Hartnäckigkeit und die Ausdauer, mit der der Helfer über Jahre an der Möglichkeit der Heilung festhält: „Ich glaube an dich" – das ist manchmal die einzige Antwort, die wir einem Meer von Unglück entgegenstellen können. Erst wenn der Patient diesen Glauben übernimmt, beginnen die Wege der Heilung langsam ans Ziel zu führen. Diese Geduld und Ausdauer ist besonders in den so genannten ausweglosen und unheilbaren Fällen wichtig: Nach meiner Erfahrung sind so genannte unheilbare Fälle vor allem sehr sehr langwierige Fälle, bei denen das Licht am Ende des Tunnels lange nicht zu sehen ist. Wenn ein Mensch aber seine traumatischen Erfahrungen kennt und lange genug erlebt hat, dass es nicht nur die negativen, sondern dass es auch positive Lösungen gibt, dann lösen sich seine Symptome auf – sie werden überflüssig. Der Mensch löst sich dann von den traumatischen Erlebnissen und wendet sich den positiven Erfahrungen zu. Die Probleme werden dabei nicht geleugnet und behalten ihren Platz im Leben des Einzelnen. Sie führen aber nicht mehr zu einer Lähmung der Persönlichkeit, weil die Problemlösungskapazität des Patienten zugenommen hat. Das Lebensgefühl lässt sich dann so umschrieben: Die Probleme sind da, aber sie sind da, um gelöst zu werden. Was immer in meinem Leben als Schwierigkeit auftaucht, wann immer ich Fehler mache, werde ich durch Versuch und Irrtum früher oder später eine Lösung finden.

In manchen Bereichen kann die Heilung sehr rasch erfolgen – wenn Ursache und Symptom in ihrer Wechselwirkung plötzlich glasklar vor Augen stehen, wenn es einem wie Schuppen von den Augen fällt: Der Mensch versteht auf einmal, was er falsch gemacht hat und wie er sein Problem anpacken muss. Manchmal kommt es zu einem Gefühlsdurchbruch, und die Integration eines lange unterdrückten Gefühls führt zu einer neuen seelischen Balance. Manchmal löst sich eine körperliche Verkrampfung, der Mensch setzt sich einfach in Bewegung und in der Bewegung löst er sich ganz automatisch von der schwierigen Vergangenheit. Am raschesten erholen sich Kinder, vorausgesetzt, die Eltern kümmern sich um die Lösung des Familienproblems. Die Heilung kann jedoch nicht erzwungen oder beschleunigt werden. Sie wird nicht von außen gemacht, sondern entsteht in der Seele des Menschen selbst. Es gibt lediglich fördernde Bedingungen, die den Prozess des Heilens begünstigen und beschleunigen. Letztlich ist der Prozess der Heilung eine komplizierte Wechselwirkung in der Beziehung zwischen dem Patienten und seiner Umwelt. Wenn der Psychotherapeut den wunden Punkt des Patienten richtig trifft, kann es zu plötzlichen und dramatischen Verbesserungen und Heilungseffekten kommen. Kurzzeittherapien propagieren diese Möglichkeit der raschen und spontanen Heilung. Die Langzeitbeobachtung von Patienten zeigt jedoch, dass diese kurzfristigen Verbesserungen meist Phasen auf einem längeren Heilungsweg sind, dass die erstmalige Erkenntnis einer positiven Lösung meist weiterer Selbsterfahrungsschritte bedarf und einem der mühsame Weg des Durcharbeitens doch nicht erspart bleibt. Grundsätzlich gilt, dass bei eng umgrenzten Themen rasche Heilung möglich, bei tiefen Persönlichkeitskonflikten jedoch ein langandauerndes Durcharbeiten notwendig ist. Und wenn wir einem Menschen gegenüberstehen, wissen wir nicht von vornherein, ob er sein Problem langsam oder schnell lösen wird. Dabei ist der Heilungsaufwand direkt proportional zur Summe der Verletzungen: Je mehr traumatische Erfahrungen ein Mensch oder sein Familiensystem gemacht hat, desto länger dauert es, bis diese Verletzungen durch positive Muster korrigiert sind.

Die Lösung

In der psychotherapeutischen Erfahrung haben sich bestimmte Heilfaktoren herauskristallisiert, die dem Menschen dabei helfen, traumatische Erfahrungen durch positive Erlebnismuster zu ersetzen. Das Modell der therapeutischen Beziehung wirkt den alten Verletzungsmustern entgegen – wobei es besonders das Erleben einer positiven Beziehung ist, das dem Menschen bei seiner Selbstentfaltung hilft. Einfühlendes Verstehen, eine durch Warmherzigkeit geprägte therapeutische Haltung und eine tragfähige Beziehung, die auch Krisen und Konflikte aushält, helfen dem Patienten, an sich selbst zu glauben. Dabei sind bei bestimmten traumatischen Erfahrungen auch ganz bestimmte therapeutische Haltungen heilsam:

Trauma	therapeutische Haltung
Tod und Verlust	Erleben von tragfähigen Beziehungen, die auch Krisen, Konflikte und Ambivalenzen überdauern
Vertreibung	Akzeptieren aller Eigenschaften des Patienten bedingungslose und wertfreie Akzeptanz
Verstümmelung	Aufspüren der Schattenseiten
	Entdecken der abgelehnten Teile des Selbst positive Wertschätzung auch der Schattenseiten d. Selbst
Entwertung des Selbst	absoluter Glaube an den Wert des Menschen trotz aller Schwächen, Fehler oder Schwierigkeiten
Sexuelle Gewalt	liebevolle Haltung mit Wärme und Akzeptanz Respekt vor Körper- und Selbstgrenzen
	Patient reguliert Nähe und Distanz, Therapeut bleibt wohlwollend in sich ruhend
Entwertung der Liebe	Betonung der Liebesfähigkeit des Patienten
	Entdecken liebesgeleiteter Handlungen in der Lebensgeschichte
	Liebe als Schatz und Wert an sich, unabhängig von ihrer Realisierbarkeit
Kindesraub	Respekt vor der Eltern-Kind-Beziehung mit all ihren Stärken und Schwächen
Verlust der Ahnen	Respekt vor den kulturellen Wurzeln Glaube an den Wert jeder menschlichen Kultur

DIE LÖSUNG

Im Grunde ist die Funktion des Psychotherapeuten ganz einfach: Liebe und Respekt, Wärme und Einfühlung ersetzen Hass, Abwertung und Gewalt. Menschen, die Liebe und Respekt erleben, werden gesund und bleiben gesund. Menschen, die abgelehnt und abgewertet werden und Gewalt erfahren, werden krank. Es genügt jedoch nicht, von der liebevollen Haltung nur zu reden; noch weniger dürfen die durch die Gewalterfahrung bedingten Erlebnismuster geleugnet werden: Die liebevolle Haltung des respektvollen Miteinanders muss gerade dort wirken, wo der Mensch seine Wunden und Schmerzen hat.

Denken wir an die Geschichte der Tantaliden: Als Orestes sich mit dem Wahnsinn der Gewalt konfrontiert und fast daran zerbricht, kann die liebevolle Haltung seiner Schwester Iphigenie ihn aus dem Teufelskreis der Gewalt befreien. Iphigenie erlöst ihn an seinem wundesten Punkt; und nur weil sie Orest in seiner Schattenseite beachtet und akzeptiert, kann das Trauma der Gewalt ausheilen. Ein allgemein gehaltenes „Wir haben dich eh alle lieb" hätte nichts genutzt, denn Orest hätte es nicht geglaubt. Wenn aber ein Opfer der Gewalt dem verzeiht, der der Täter oder in die Gewalt verstrickt ist, dann können beide das Gewaltmuster auslassen.

Der Helfer, Berater oder Therapeut ist in der Position der Iphigenie. Gerade weil er alle wunden Punkte des Patienten kennt, gerade weil der Patient sich ihm mit allen wunden Punkten anvertraut hat, ist er glaubhaft, wenn er den Erfahrungen von Destruktion und Verwundung mit Verständnis und Wärme begegnet. Erst wenn die negativen Muster durchgearbeitet sind, können sie durch positive Muster ersetzt werden. Der Therapeut ist der Vermittler und Katalysator, der den negativen Erfahrungen ihre Macht nimmt und den Glauben an positive Erfahrungen vermittelt.

Unser Beispiel: Eine Patientin bearbeitet zwei Jahre lang all die negativen Erfahrungen, die sie mit Männern gemacht hat. Der gewalttätige Vater, die brutalen Freunde, die sie mit ihren Kindern allein zurückgelassen haben, die Schwierigkeiten als alleinerziehende Mutter: All das hat dazu geführt, dass sie keinem Mann mehr über den Weg traut. Andererseits erlebt sie bei ihrem männlichen Therapeuten, dass ihr ein Mann mit Verständnis und Wärme begegnet, ohne sie in irgendeiner Form ausnutzen zu wollen. Sie beginnt daran zu glauben, dass Männer freundlich sein können. Sie beendet die Therapie, als ein sehr netter Mann sich in sie verliebt. – Nach zwölf Jahren treffe ich die beiden auf der Straße. Nach der Begrüßung lächelt mich die Frau an: „Das hätten Sie mir wohl nicht zugetraut, dass ich nach so vielen Jahren immer noch mit demselben Mann glücklich bin!"

XXXV. Die Erlösung der Göttinnen: Das Einüben positiver Muster

Am Ende der Tantalusgeschichte beginnt eine neue Zeit, geprägt von neuen Ritualen. Die Rachegöttinen erhalten neue Tempel in Griechenland und verwandeln sich dadurch von bösen in gute Geister. Artemis, das Sinnbild der alten Göttin, die vom Patriarchat abgesetzt, beleidigt und ins Exil geschickt worden ist, kehrt in Ehren zurück und erhält ihren Platz in Athen.

Bezeichnenderweise ist es die Wiederherstellung des Weiblichen, die in unserer Geschichte ein neues Zeitalter einleitet. Jahrtausendelang war die menschliche Kultur einseitig von männlicher Dominanz geprägt, regierte der Kriegsgott die Welt. Gewalt und Leid waren die Folge dieser Einseitigkeit.

Nur wenn Männlichkeit und Weiblichkeit, Aggression und Liebe im Gleichgewicht sind, ist ein harmonisches Zusammenleben möglich. Nur wenn der Kriegsgott Ares durch die Liebesgöttin Aphrodite besänftigt wird, kann es gelingen, zu gewaltfreien Wegen der Konfliktlösung zu finden. Das Bündnis dieser beiden Kräfte ermöglicht neue und kreative Lösungen.

Der Weg der Selbsterfahrung führt dazu, dass ein Mensch seine männliche und weibliche Hälfte gleichermaßen entdeckt und schätzt. Jeder Mensch hat Animus und Anima in sich, die von Carl Gustav Jung entdeckten weiblichen und männlichen Seiten der Seele. Das Hirn jedes Menschen hat eine linke, logische, und eine rechte, bildhafte Hälfte. Die Gehirnforschung zeigt, dass erst die optimale Nutzung beider Hälften zu kreativen Leistungen befähigt. Am Ende des Selbsterfahrungsweges entdecken die Patienten ihr ganzes Potenzial.

Am Schluss des therapeutischen Prozesses kommen wir daher zum wirklich schönen Teil. Der Patient beginnt, neue Verhaltensmuster zu erproben, und entdeckt, dass er sein Leben nach den positiven Mustern von Freude und Erfolg organisieren kann. Plötzlich beginnen diese Erfolgsgeschichten auch zu greifen und zu wirken. Der Patient kramt all die Selbsthilfebücher wieder hervor, die er schon gelesen und wieder weggelegt hat, weil sie gerade bei ihm nicht zu funktionieren schienen. Er entdeckt, dass er tatsächlich durch autogenes Training oder Yoga Muskelverspannungen auflösen kann, durch regelmäßigen Sport fit und leistungsfähig wird, durch freundlichen Umgang Zuwendung und Liebe erhält, durch konsequente Arbeit alle Ziele erreichen kann, die er sich stellt – dass sich ungestillte Träume erfüllen können.

Er beginnt sich immer mehr mit positiven Dingen zu beschäftigen und mit positiven Menschen zu umgeben. Er entdeckt seine Talente und beginnt daran zu glauben, dass aus potenziellen Talenten durch Handeln Erfolg wird – auch für ihn und gerade für ihn. Die Probleme und die schwierigen Menschen nimmt er weiterhin wahr, doch seine Sichtweise hat sich verändert: Wo er früher das Problem nur als Hindernis gesehen hat, ist jetzt das Problem eine Herausforderung zur Lösung – und diese Lösung liegt eigentlich meist auf der Hand. Dort, wo die eigenen Ressourcen nicht ausreichen, stellen Berater gerne ihre Talente zur Verfügung. Unter den sechs Milliarden Menschen dieser Erde gibt eine so unendlich große Zahl an Spezialisten und ein solches Meer an Wissen, dass oft nur die Frage ist, wie man an dieses Wissen herankommt. Der geheilte Mensch entwickelt immer mehr Fähigkeiten, sich Wissen zu holen und sich helfen zu lassen. Dann kommt meist der Punkt, an dem der Mensch entdeckt, dass er durchaus das tun kann, was ihm am meisten Spaß macht, und dass er genau dort am besten ist und am meisten Anerkennung erhält. Ungeliebte oder fremdbestimmte Tätigkeiten werden dann meist aufgegeben oder doch reduziert, und der Mensch lebt immer selbstbestimmter, entsprechend dem eigenen Wesen. Genau in diesen Bereichen erreicht der Mensch aber den so genannten Flow-Zustand – einen Zustand höchster Aktivität mit hoher Motivation, großer sozialer Anerkennung und hoher Produktivität. Immer öfter stellt sich dann das Glücksgefühl ein, auf dem richtigen Weg zu sein, etwas Besonderes und Wertvolles zu vollbringen und für seine Mitmenschen wichtig zu sein. Dieser Flow-Zustand kann in jedem nur denkbaren Lebensbereich erzielt werden: in der Erziehung der Kinder, in der Sexualität, bei sportlichen Wettkämpfen, bei wissenschaftlichen und kreativen Arbeiten, in Dienstleistungsberufen, bei handwerklichen Tätigkeiten, beim Meditieren oder wo auch immer. Dieses Glücksgefühl ist nicht von der Art der Tätigkeit abhängig, es ist ein innerer Zustand von einer Qualität, die dadurch gekennzeichnet ist, dass Begabung, Lebensziel und Tätigkeit eines Menschen zur vollen Deckung kommen. Alle körperlichen und seelischen Organe eines Menschen richten sich auf ein Ziel aus und streben zu einem bestimmten Punkt, den der Mensch als seinen eigenen, besonderen Lebenssinn erlebt. An diesem Punkt der Selbstverwirklichung ruht der Mensch in sich selbst und ist sich seines Glückes und seiner Wertigkeit bewusst und sicher.

Ein letztes Beispiel: Ein Patient wird jahrelang von Ängsten und Versagenserlebnissen gequält und entschließt sich endlich, diese in einer Therapie aufzuarbeiten. Viele Stunden lang quälen wir uns gemeinsam durch die Enge seiner Kindheit, durch Übergriffe und Entmutigungen. Manchmal blitzt der Lebenstraum dieses Mannes, nämlich Musiker zu werden, auf – und geht gleich wieder in der Fülle der erlebten Hindernisse unter. Schließlich löst sich der Mann von der engstirnigen Welt seiner Familie und beginnt sein Leben zu leben. Er komponiert seine Musik, sucht sich die besten Musiker der Stadt zusammen und geht mit diesen ins Studio. Er verabschiedet sich von mir, indem er mir sein erstes CD-Album in die Hand drückt. Immer wieder bin ich aufs Neue von der Schönheit und Intensität der darauf gespielten Lieder beeindruckt.

Seit Abraham Maslow wissen wir, dass der Flow-Zustand für jeden Menschen zu erreichen ist. Nach dem Auffüllen der Bedürfnisdefizite kommt ein qualitativer Sprung – die Defizit-Orientierung springt um in eine Selbstverwirklichungs-Orientierung. Voraussetzung dafür ist, dass die Grundbedürfnisse des Menschen nach Geborgenheit, Sicherheit und Anerkennung erfüllt worden sind. Beim psychisch kranken Menschen sind diese Bedürfnisse meist defizitär, weil durch traumatische Ereignisse der Energieaustausch in den wichtigen Beziehungen zu den Bezugspersonen unterbrochen wurde. In der therapeutischen Beziehung wird diese Bedürfniserfüllung zumindest symbolisch nachgeholt – und gegen Therapieende kündigt sich die Gesundung darin an, dass die Beschäftigung mit der Selbstverwirklichung plötzlich wichtiger wird als die Beschäftigung mit den negativen Erfahrungen. Der Patient braucht dann keinen Therapeuten mehr, er sucht sich eher einen Coach, der ihn beim Einüben positiver Muster unterstützt.

Aus der Analyse der Flow-Zustände lässt sich ableiten, welche Rahmenbedingungen das Erlernen positiver Muster unterstützen. (Und Kinder sollten von vornherein in diesen Rahmenbedingungen erzogen werden, um ihnen den langen Umweg über Trauma, Symptom und Therapie zu ersparen.)

Solche positiven Muster sind z. B.:

---

kindgemäße Erziehung

Selbstbestimmung des Individuums

Menschenrechte und Menschenwürde für Frau und Mann

partnerschaftlicher Umgang

Vermeidung von Manipulation

Glaube an Begabung und Erfolg

kulturelle Toleranz

Unterstützung der Schwachen

Kreativität

Optimismus

Spaß am Gestalten

Wachstum

Reichtum und Vielfalt der Erfahrungen

Der gesundete Patient sucht sich in einem der oben genannten Tätigkeitsfelder seinen Wirkungskreis, der seiner Selbstentfaltung am meisten entspricht. Entscheidend für das Glücksgefühl ist dabei nicht, dass man in diesem Feld etwas Neues oder Außergewöhnliches leistet, sondern dass man darin authentisch verankert ist. Auch einfache Tätigkeiten können zum Träger des Flow-Erlebens werden. Man braucht nur Kindern zusehen, wie sie in den einfachsten Handlungen völlig aufgehen können. Nicht umsonst ist in Michael Endes Roman „Momo" der Straßenfeger der glücklichste Mensch, solange er diese Arbeit in seinem eigenen Rhythmus macht.

Jeder Mensch kann so seine positiven Muster und den Weg aus erlebtem Unglück finden. Das Wichtigste an der Tantalidengeschichte ist vielleicht ihr Ende: „Orest wurde ein mächtiger König, hatte viele Nachkommen und regierte ein langes Leben lang als angesehener Herrscher." Dieser gute Ausgang wird meist übersehen – es ist aber das erstaunlich positive Ende einer Geschichte, bei der niemand auf einen guten Ausgang gesetzt hätte. Das Buch Hiob endet übrigens ganz ähnlich. Warum also sollen wir nicht auch bei den Hiobsbotschaften unserer Patienten auf ein gutes Ende hoffen?

Nachwort

Als mein Vater 1994 starb, fühlte ich, wie er sich von allem löste, was in seinem Leben schwierig gewesen war. Es war, als ob hundert Knoten aufgingen, die die Seele an fixe Bilder gefesselt hatten. Die Themen der Vergangenheit, die auch zwischen Vater und Sohn gestanden waren, waren nicht mehr wichtig. In der Berührung des Abschieds, durch die Tränen hindurch entstand eine Empfindung der geistigen Freiheit, die alles möglich macht. Immer wieder spüre ich seine Nähe, und vor meinem inneren Auge sehe ich sein Gesicht, das in milder Weisheit lächelt. Und ich höre seine Stimme: „Lass alles los. All die Bilder der Angst sind nicht mehr wichtig. Fühl die helfende Liebe, die Weisheit, die in der anderen Welt ständig fließen." Und ich spüre die Hände meines Vaters auf meinen Schultern und bin glücklich – wie alle Söhne, die einen guten Vater haben.

Literaturverzeichnis:

Aichhorn, A.: Verwahrloste Jugend. Bern 1965.
Aigner, J. Ch.: Die Sexualisierung von Gewalt u. die Psychodynamik gewaltvoller Männlichkeit. Unveröff. Manuskript, Universität Innsbruck.
Ancelin Schützenberger, A.: Oh, meine Ahnen. Wie das Leben unserer Vorfahren in uns wiederkehrt. Heidelberg 2001.
Barraclough, G.: Afrika in vorgeschichtlicher Zeit. In: Atlas der Weltgeschichte. Augsburg 1997. S. 10 f.
Barraclough, G: Knauers neuer historischer Weltatlas. München 1996.
Bass, E.; Davis, L.: Trotz allem. Wege zur Selbstheilung für sexuell missbrauchte Frauen. Berlin 1990.
Becker, D.: Ohne Hass keine Versöhnung. Das Trauma der Verfolgten. Freiburg 1992.
Bernhard, Th.: Heldenplatz. Frankfurt 1988.
Bittenbinder, E.: Trauma und extreme Gewalt. Systemische Psychotherapie mit Überlebenden von Folter und die Bedeutung „innerer Bilder". In: Psychotherapie im Dialog 2000/1. Stuttgart, New York.
Black, J.: Atlas der Weltgeschichte. Köln 2000.
Bornemann, E.: Recht und Sexualität im griechischen Mythos. In: Lessing, E.: Griechische Sagen. München 1977. S. 231-266.
Bornemann, E.: Das Patriarchat. Frankfurt 1984.
Boszormenyi-Nagy, Spark, I. u. G. M.: Unsichtbare Bindungen. Stuttgart 1993.
Bowlby, J: Mutterliebe und kindliche Entwicklung. München 1972.
Bowlby, J.: Trennung. München 1976.
Bowlby, J.: Verlust, Trauer und Depression. Frankfurt 1987.
Bräutigam, W.: Reaktion, Neurosen, Psychopathien. Stuttgart 1971.
Burenhult. G.: Die Menschen der Steinzeit. Augsburg 2000.
Butollo, W., Hagl, M., Krüsmann, M.: Kreativität und Destruktion posttraumatischer Bewältigung. Forschungsergebnisse und Thesen zum Leben nach dem Trauma. München 1999.
Canacakis, J.: Ich begleite dich durch deine Trauer. Stuttgart 1997.
Canetti, E.: Masse und Macht. Frankfurt/Main 1980.
Chandler, D.: Zeittafeln zur Militärgeschichte. Augsburg 2000.
Conroy, P.: Beach Music. Bergisch Gladbach 1996.
Deschner, K. H.: Der Auftakt im alten Testament. In: Die Kriminalgeschichte des Christentums, Band 1. Hamburg 1986, S. 71-117.
De Winter, L.: Hoffmanns Hunger. Zürich 1994.

English, F.: Es ging doch gut, was ging denn schief? München 1982.
Erikson, E. H.: Kindheit und Gesellschaft, Stuttgart 1974.
Feldmann, H., Westenhöfer, J.: Vergewaltigung und ihre psychischen Folgen. Stuttgart 1992.
Fest, J.: Hitler. München 1976.
Festinger, L.: Theorie der kognitiven Dissonanz. Bern 1978.
Fischer, G., Riedesser, P.: Lehrbuch der Psychotraumatologie. München 1999.
Fischer-Homberger, E.: Die traumatische Neurose. Vom somatischen zum sozialen Leiden. Bern 1975.
Flieher, B.: Endstation Spiegelgrund. In: *Salzburger Nachrichten* vom 8. 2. 2000, S. 7.
Franke, U.: Systemische Familienaufstellung. München, Wien 1998.
Frankl, V.: Trotzdem ja zum Leben sagen. Ein Psychologe erlebt das Konzentrationslager. München 1986.
Frankl, V.: Der Mensch vor der Frage nach dem Sinn. München, Zürich 1989.
Freud, A.: Das Ich und die Abwehrmechanismen. Frankfurt/Main 1987.
Freud, S.: Abriss der Psychoanalyse. Das Unbehagen in der Kultur. Frankfurt/Main 1972.
Haley, A.: Roots. London 1977.
Heer, F.: Gottes erste Liebe: 2000 Jahre Judentum und Christentum. Genesis des österreichischen Katholiken Adolf Hitler. München 1967.
Herman, J. L.: Die Narben der Gewalt. München 1993.
Hoffmann, C.: Serben hinterließen „Kinder der Schande". In: *Salzburger Nachrichten* vom 12. 1. 2000, S. 10.
Gadner, J.: Trauma und Desorganisation. Zur klinischen Relevanz der Bindungsforschung. In: Psychotherapieforum 7/4. Wien, New York 1999.
Gastager, H., Gastager, S.: Die Fassadenfamilie. München 1973.
Green, A.: The dead mother. In: On private madness. New York 1986, S. 142-173.
Gschwend, G.: Diagnostische Kriterien der posttraumatischen Belastungsstörung und Konsequenzen für die therapeutische Praxis. In.: Psychotherapie Forum 7/2. Wien, New York 1999.
Heimannsberg, B., Schmid, Ch.: Das kollektive Schweigen. Nazi-Vergangenheit und gebrochene Identität der Psychotherapie. Heidelberg 1988.
Heinl, P.: Maikäfer flieg, dein Vater ist im Krieg. Seelische Wunden aus der Kriegskindheit. München 1994.
Karr, M.: Der Club der Lügner. München 1996.
Kaufmann, R. A.: Die Familienrekonstruktion. Heidelberg 1990.

Klammer, P.: Auf fremden Höfen. Anstiftkinder, Dienstboten und Einleger im Gebirge. Wien, Köln, Weimar 1992.
Kohl, W.: Ich fühle mich nicht schuldig. Georg Renno, Euthanasiearzt. Wien 2000.
Köhlmeier, M.: Tantalos oder der Fluch der bösen Tat. München 2000.
Konstam, A.: Atlas des mittelalterlichen Europa. Vom Frankenreich bis zur Renaissance. Wien 2001.
Lamb, W.: Früh am Morgen beginnt die Nacht. München 1999.
Langer, C. W.: Das Hitler-Psychogramm. Wien 1973.
Lehmann, O., Schmidt, T.: In den Fängen des Dr. Gross. Das misshandelte Leben des Friedrich Zawrel. Wien 2001.
Leimüller, G.: Das verschwundene Mädchen Annemarie. Wie Nationalsozialisten ihre ungeliebten Kinder zu Tode behandelten. In: *Salzburger Nachrichten* vom 13. 6. 1998, Beilage S. IV.
Lueger-Schuster. B.: Psychotraumatologie. In: Psychologie in Österreich 2, Dezember 2000, S. 275-281.
Mead, M.: Kindheit und Jugend in Neuguinea. München 1970.
Maerker, A.: Therapie der posttraumatischen Belastungsstörungen. Wien, New York 1997.
Maercker, A.: Posttraumatische Belastungsstörungen. Psychologie der Extrembelastungsfolgen bei Opfern politischer Gewalt. Lengerich 1998.
Martin, P. S.: Prehistoric overkill. In: P. S. Martin, H. E. Wright, Jr. (ed.): Pleistocene Extinctions, the search for a cause. New Haven, London 1967, S. 75-120.
Martin, P. S.: Who or What Destroyed Our Mammoths? In: I. D. Agenbroad et. al. (eds.): Magafauna and Man. Hot Springs 1990, S. 109-117.
Maslow, A.: Motivation und Persönlichkeit. Okten 1977.
Meyer, F.: Lenin und die Oktoberrevolution. In: *Der Spiegel* 29 / 1999.
Miller, A.: Das Drama des begabten Kindes und die Suche nach dem wahren Selbst. Frankfurt/Main 1979.
Miller, A.: Am Anfang war Erziehung. Frankfurt/Main 1980.
Miller, A.: Du sollst nicht merken. Frankfurt/Main 1981.
Minuchin, S.: Familie und Familientherapie. Freiburg 1990.
Mitscherlich, A.: Auf dem Weg zur vaterlosen Gesellschaft. München 1969.
Mitscherlich, A.: Krankheit als Konflikt. Frankfurt/Main 1966.
Mitterauer, M.: Ledige Mütter. München 1983.
Mommsen, Th.: Römische Geschichte, Band 1. Leipzig 1932. S. 289 ff.
Moser, T.: Psychoanalyse und Holocaust. Die Kinder der Opfer und Täter. In: Süddeutsche Zeitung vom 11. 7. 1995.
Opelt, R.: Der biographische Hintergrund von Ledigen mittleren Alters

unter besonderer Berücksichtigung geschlechtsspezifischer Unterschiede, Diss., Salzburg 1980.
Opelt, R.: Die Reintegration von dissozialen Buben. Vortrag auf der 28. Jahrestagung der österreichischen Gesellschaft für Kinder- und Jugendheilkunde, Salzburg 1990.
Opelt, R.: Elternverlust und Generationenverschiebung. Vortrag auf der 18. Jahrestagung der österreichischen Gesellschaft für Kinder- und Jugendneuropsychiatrie, Klagenfurt 1994.
Opelt, R.: Die prozessorientierte Familientherapie. In: Personzentriert. Zeitschrift der ÖGwG, Wien 1/1995.
Opelt, R.: Methodik der Tiefenpsychologie. Salzburg 1995.
Opelt, R.: Grundlagen der Familienarbeit. Salzburg 1996.
Opelt, R.: Kinderpsychosomatik. Salzburg 1996.
Opelt, R.: Entwicklung der Persönlichkeit. Salzburg 1997.
Opelt, R.: Psychologische Interventionsstrategien bei Kindern und Jugendlichen. Salzburg 1997.
Opelt, R.: Familienstrukturen, Elternpersönlichkeit, Eltern-Kind-Beziehung. 2. überarb. Auflage, Salzburg 1999.
Opelt, R.: Bindungsangst. Salzburg 1999.
Opelt, R.: Generationenübergreifende Beziehungsmuster als familienpsychologisches Erklärungsmodell. In: Psychologie in Österreich 1/99.
Opelt, R.: Erziehung und Beziehung oder Wer zieht wohin. In: Die Wege 3/99.
Oth, R.: Die wahre Geschichte der Indianer. München 1999.
Piekalkiewicz, J.: Der zweite Weltkrieg. Herrsching 1986.
Prekop, J.: Der kleine Tyrann. München 1988.
Richter, H. E.: Eltern, Kind und Neurose. Reinbeck 1969.
Richter, H. E.: Patient Familie. Reinbeck 1977.
Ringel, E.: Die österreichische Seele. Wien, Köln, Graz 1984.
Rogers, C. R.: Die klient-bezogene Gesprächstherapie. München 1972.
Rogers, C. R.: Die Entwicklung der Persönlichkeit. Stuttgart 1973.
Rogers, C. R; Stevens, B.: Von Mensch zu Mensch. Paderborn 1986.
Satir, V.: Selbstwert und Kommunikation. München 1975.
Saigh, Ph. A. (Hg.): Posttraumatische Belastungsstörung. Diagnose und Behandlung psychischer Störungen bei Opfern von Gewalttaten und Katastrophen. Bern, Göttingen, Toronto, Seattle 1995.
Schwab, G.: Die schönsten Sagen des klassischen Altertums. Wien 1950. S. 444, S. 437, S. 448 f. (Die Zitate im ersten Teil dieses Buches entstammen diesen Seiten)
Schachermeyr, F.: Ursprung und Hintergrund der griechischen Geschichte. In: Propyläen Weltgeschichte, Band 3. Berlin 1986, S. 25-69.

Segar, K., Warren, J. (ed.): Austria in the Culture and Politics. Riverside, California 1991.
Sheldrake, R.: Das schöpferische Universum. Die Theorie des morphogenetischen Feldes. München 1992.
Spiel, W.: Phasen der kindlichen Entwicklung. Göttingen 1974.
Spitz, R.: Vom Säugling zum Kleinkind. Stuttgart 1974.
Stern, D.: Die Lebenserfahrung des Säuglings. Stuttgart 1992.
Stierlin, H.: Delegation und Familie. Frankfurt 1978.
Strauss, C. L.: Strukturale Anthropologie. Paris 1958.
Treichel, H.-U.: Der Verlorene. Frankfurt 1998.
Thuswaldner, A.: Das Leben des Täters. In: *Salzburger Nachrichten* vom 2. 1. 2001, S. 3.
Toynbee, A.: Der Gang der Weltgeschichte. München 1970.
Van der Kolk, B., McFarlane, A. C., Weisaeth, L. (ed.): Traumatic Stress. The effects of overwhelming experience on mind, body and society. New York 1996.
Weber, G.: Zweierlei Glück. Die systemische Psychotherapie Bert Hellingers. Heidelberg 1995.
Weinzierl, E., Skalnik, K. (Hg): Österreich 1918 – 1939. 2 Bde. Wien 1983.
Westermann: Großer Atlas zur Weltgeschichte. Braunschweig 1985.
Wieck, W.: Söhne wollen Väter. Hamburg 1992.
Winnicott, D. W.: Reifungsprozesse und fördernde Umwelt. Frankfurt 1984.
Willi, J.: Die Zweierbeziehung. Reinbeck 1975.
Wyss, D.: Die Psychoanalyse Sigmund Freuds. In: Die tiefenpsychologischen Schulen von den Anfängen bis zur Gegenwart. Göttingen 1972. S. 3-96.
Zimprich, H.: Kinderpsychosomatik. Stuttgart, New York 1995.

Rüdiger Opelt
Geboren 1953 in Linz. Studienaufenthalt in den USA 1970-1971. Studium zuerst der Germanistik und Anglistik in Wien, dann der Psychologie und Psychopathologie in Salzburg, Promotion. Ausbildung zum klientenzentrierten Psychotherapeuten, lernt verschiedene Schulen der humanistischen Psychotherapie kennen und versucht, diese verschiedenen Thesen in seiner Arbeit zu einem Ganzen zu integrieren.

Zunächst drei Jahre Tätigkeit an der psychologischen Beratungsstelle am psychologischen Institut Salzburg, hier Behandlung vor allem von Jugendamtsfällen vor Ort in den Familien. Danach zwölf Jahre an der Salzburger Kinderpsychiatrie. Als leitender Psychologe des Kinderspitals Salzburg zuständig für die Integration der Klinischen Psychologie und Psychotherapie in die stationäre Behandlung.

Seit 1994 in eigener Praxis als Klinischer Psychologe, Psychotherapeut, Supervisor und Seminarleiter. Ausbildungsreferent für FrühförderInnen, Tagesmütter und Klinische PsychologInnen.

Seit Jahren Interesse an den Ursachen seelischer Störungen, die Opelt bei Familienaufstellungsseminaren wie in anamnestischen Gesprächen zunehmend in generationenübergreifenden Familienmustern entdeckte. Entwickelte sein eigenes System der familienpsychologisch-historischen Analyse, durch die sich zeitgeschichtliche Fakten als Ursachen familiärer Traumata identifizieren lassen.

Rüdiger Opelt lebt in Salzburg, ist verheiratet und hat 2 Kinder.